긍정심리와 자기이해

긍정심리와 자기이해

김정수 · 유평 · 문호경 공저

동문사

머 리 말

"제가 변화시킬 수 없는 일들을 받아들이는 평온을...
제가 변화시킬 수 있는 것은 변화시키는 용기를...
그리고 그 둘을 구별할 수 있는 지혜를 주십시오."

-「마음에 평온을 구하는 기도(The Serenity Prayer)」 중에서 -

처음 긍정심리학과 외상후 성장에 관한 다양한 주제에 관심을 가지고 연구와 강의를 시작한 이래, 저자의 마음에서 떠나지 않는 기도문이다. 늘 마음 한켠에 이 기도문을 불 밝혀두고 용기를 얻기도 했고, 현실을 받아들이며 얻게 되는 마음의 평화를 경험하기도 하면서 어느새 저자 곁에 다가와 있는 작은 행복감을 누리기도 했다.

이렇듯 많은 사람들이 행복한 삶, 만족스럽고 의미있는 삶을 추구하지만, 생각만큼 그 길이 쉽지 않음을 느끼며 좌절하기도 한다. 또 우리 앞에 놓인 고통과 역경이 어느 순간 마음의 평화를 깨뜨리고 더 나아가 부적응과 문제행동으로 이어지는 순간을 직면하기도 한다. 그렇다면 스트레스와 역경을 경험한 모든 사람들이 다 숨 막히는 고통의 나락으로 빠지는 것일까? 이 질문에 대한 대답이 꼭 yes만은 아니라는 것을 우리 모두는 알고 있다. 결국 우리는 고통의 나락에 빠져서 헤어 나오지 못하는 사람과 그 고통을 극복하고 성장을 이루는 사람들 사이에는 어떤 차이점이 있을까 하는 질문에 도달하게 된다. 바로 이 지점에서 우리에게 답을 제공하고자 하는 노력이 긍정심리학 분야에서 그간 꾸준히 이어져 왔다.

과거의 전통적 심리학이 정신장애나 부적응 등에 대한 편향적인 관심을 기반으로 발전되어 온 일면이 있다면, 긍정심리학은 인간의 긍정적 성품, 경험이 개인의 삶에 미치는 중요한 영향에 새롭게 주목한다. 즉, 인간의 다양한 긍정적 측면을 부각하면서 개인이 지닌 강점을 적극 활용함으로써 고통과 역경에 대처할 수 있다는 긍정적이고 밝은 일면을 강조하고 있는 것이다.

이제 우리는 앞으로 이 책을 통해 개인의 삶을 일으켜 세우는 긍정심리학의 다양한 세계와 행복한 삶에 대해 함께 고민하고 공부할 것이다. 함께 공부하는 가운데 어쩌면 평소 여러분이 생각하고 있던 내용이나 인생에서 경험하고 고민했던 주제들을 발견하게 될지도 모르겠다. 그렇다면 더욱 반가운 마음으로 긍정심리학을 활용한 자기이해의 세계로 몰입할 수 있을 것이라고 확신한다.

이 책은 긍정심리학의 다양한 주제와 원리를 활용한 자기이해에 초점을 맞추어 집필되었다. 저자들이 대학에서 교양과목으로 긍정심리에 대해 가르치면서 경험하고 배운 내용을 담아내려고 했다. 더 나아가 긍정심리학의 이론적 설명에 머무는 것이 아니라 이를 자기이해의 영역으로 확장하고 실제 생활에 적용할 수 있는 구체적인 내용으로 구성하였다.

이 책은 총 5부로 구성되어 있다. 제1부 긍정심리에 대한 이해, 제2부 나에 대한 이해, 제3부 성격강점과 긍정적 성품, 제4부 긍정심리의 적용 그리고 제5부 긍정심리 Q & A에 대한 내용으로 이루어져 있다. 긍정심리학의 출발과 발전과정에 대한 전반적인 이해에서 시작하여 긍정심리를 활용한 자기이해의 영역으로 확장하였고, 구체적인 개인의 24가지 성격강점에 대해 탐구하고, 마지막으로 긍정심리학의 이론을 일상생활에서 경험하는 대인관계, 진로영역에 적용해 보도록 하였다. 또한 역경을 통한 성장을 활용하여 고통과 역경 속에서도 개인의 성장에 기여하는 긍정적 요인과 성품이 무엇인지 살펴보고, 이어서 실제

생활에서 활용 가능한 긍정대화법에 대해서도 함께 연습해 볼 수 있도록 구성하였다. 이 책은 제1부 김정수 교수, 제2부 유평 선생, 제3부 문호경 선생, 마지막 제4부는 세 명의 저자가 함께 집필한 공동의 결과물이다.

본 저자들은 최선을 다해 집필하고자 노력하였지만 마무리를 하면서 많은 아쉬움이 남는 것을 느낀다. 부족한 부분은 앞으로도 계속적인 노력을 기울여 발전시켜 나가도록 하겠다. 비록 부족하지만 이 책을 함께 공부하는 모든 이들에게, 특히 대학에서 교양과목으로 긍정심리에 대해 공부하게 되는 모든 젊은이들에게 자기이해의 경험을 제공하고, 행복하고 성숙한 한 개인으로 성장하는 데 도움이 되기를 바란다.

끝으로 이 책의 출간을 기꺼이 허락해주신 동문사 이중수 사장님 그리고 유재영 상무님과 관계자분들께 깊은 감사의 마음을 전한다.

2021년 3월

복정동 연구실에서

저자 대표 김정수 씀

차 례

CHAPTER

01

궁정심리에 대한 이해

1. 긍정심리학의 출발

인간의 마음에 대한 연구는 오랜 시간 동안 철학, 신학 등의 영역에서 발전되어 왔다. 그러다 19세기 후반 이후 인간의 마음에 대한 과학적 탐구가 본격적으로 시작되면서 마음, 정신세계를 넘어서 인간의 행동, 의식과 무의식, 인지, 정서 등으로 인간이해의 폭을 점차 넓혀가게 되었다. 심리학이라는 학문이 태동하면서 철학으로부터 독립하여 과학적·객관적으로 연구되기 시작한 시점이기도 하다. 처음 심리학의 관심은 주로 인간의 내면과 성장과정 속에 자리 잡은 고통과 부적응의 문제를 어떻게 하면 해결할 수 있을까에 있었다. 또한 개인의 부정적 증상과 정신장애 등 병리적 문제들 때문에 개인의 삶이 병들고 불행해지는 것이라고 가정하였다. 심리학에서는 그간 인간의 부적응 문제나 증상을 제거, 감소시키거나 해결하려는 접근을 꾸준히 연구해왔다. 이러한 노력을 통해 인간의 부적응 행동, 정신장애의 원인을 밝히고 이를 해소하기 위한 다양한 치료기법 등이 개발되는 등 많은 성과가 있었던 것이 사실이다. 그러나 제2차 세계대전 이전, 초기 심리학에서 모든 사람들이 좀 더 행복한 삶을 살도록 돕는 일을 중요한 심리학의 실천적 사명 중 하나로 꼽았음에도 불구하고, 정작 정신장애, 부정 정서 등에 연구가 집중되면서 '행복한 삶이란 무엇인가'에 대한 답을 찾으려는 노력은 상대적으로 매우 부족하였다고 볼 수 있다(Seligman, 2000). 이때 인간의 문제와 증상에 초점을 두고 이를 치료하려는 시도에서 벗어나 인간 내면에 잠재해 있는 가능성, 긍정적 자원을 개발하도록 촉진함으로써 개인이 성장과 행복에 이르도록 조력해야 한다는 새로운 변화가 시작되었다. 이러한 심리학의 새로운 관점에서 긍정심리학을 세안하게 되었다.

1) 긍정심리학이란 무엇인가?

긍정심리학은 인간이 해낼 수 있는 최선의 기능에 대한 과학적인 연구이며, 사람들이 잘 해내는 것, 성공적으로 해내는 것 등에 주의를 기울인다. 인간의 긍정적인 정서에 초점을 맞추면서 우리의 삶을 보다 풍성하게 하는 성격적 강점이나 덕성 등에 집중한다. 즉, 긍정심리학은 일반적으로 인간의 긍정적 심리적 측면과 개인과 사회를 번영시키기 위한 강점, 장점을 연구하여 인간의 행복과 성장에 이바지하는 학문이라고 할 수 있다. 물론 긍정심리학이라고 해서 인간의 부정적인 측면을 무조건 부정하지는 않는다. 다만 긍정심리학이 대두되기 전 주로 인간의 부적응적이고 부정적인 측면의 제거에 관심을 기울여온 것에 비해, 긍정심리학은 인간의 긍정적인 측면을 과학적으로 탐구하여 개인의 행복과 성장에 관심을 기울이는 데 더 큰 노력이 필요함을 강조한다고 하겠다.

(1) 긍정심리학의 정의

긍정심리학(positive psychology)은 1998년 당시 미국심리학회 회장이었던 Martin Seligman에 의해서 소개되었다. '학습된 무기력' 연구의 최고 권위자였던 Seligman은 진정한 치료는 손상된 것을 고치는 것뿐만 아니라 자신이 가지고 있는 최선의 가능성을 끌어내야 한다는 심리학의 새로운 방향과 입장을 제시하게 되었다(한상희 외, 2017).

긍정심리학은 삶을 더욱 의미있고 가치있게 하는 주제에 대해 탐구하는 새로운 심리학적 접근이라고 할 수 있다. 가장 일반적인 용어로서 설명해보면 긍정심리학은 인간행동의 긍정적이고 적응적이며 창조적이고 또한 정서적으로 완전한 성취를 이루게 하는 요소들을 이해하도록 돕는 심리학적 접근법이다.

또한 Sheldon, Fredrickson, Rathunde, Csikszentmihalyi와 Haidt(2000)에 따르면, 긍정심리학은 "인간이 해낼 수 있는 최선의 기능에 대한 과학적 연구이다. 그것은 개인, 지역, 사회, 그리고 사회가 번성하고 번영할 수 있게 해주는 요인들을 발견하고 증진시키는 목적을 가진다"고 정의한 바 있다(서은국 외, 2007). 다음은 〈American Psychology〉 특집호에서, Sheldon과 King(2001)이 긍정심리학에 대해 좀 더 자세하게 소개한 내용이다.

> 긍정심리학이란 무엇인가? 그것은 보통 사람들이 지니는 강점과 덕성에 대한 과학적인 연구이다. 긍정심리학은 '평범한 사람들'에게 있어서 그들이 잘 기능하고, 올바르게 행동하며, 그들의 삶을 향상시키도록 만드는 것이 무엇인지를 찾아내려는 것이다. "타고난 적응능력과 학습한 기술들을 성공적으로 활용하면서 효율적으로 잘 살아가는 사람의 특징은 무엇인가? 여러 가지 역경에도 불구하고 목적의식을 가지고 의연하게 살아가는 많은 사람들의 삶을 어떻게 심리학적으로 설명할 것인가?" 하는 물음을 탐구한다. … 이런 점에서 긍정심리학은 심리학자들로 하여금 인간이 지니는 잠재력, 동기 그리고 능력을 좀 더 열린 마음으로 높이 평가하는 관점을 취하도록 촉구하는 노력이다(p. 216).
>
> – Sheldon & King 〈American Psychology(2001)〉 –

요컨대, 긍정심리학은 약점과 결점을 개선하는데 초점을 맞추는 것이 아니라 강점과 자원을 개발하는데 초점을 맞춘다. 취약성(vulnerability), 병리(pathology), 문제행동의 치료를 넘어서 개인의 행복과 성장에 주목한다. 긍정심리학은 인간 내면의 긍정심리를 확장시켜 기쁨과 만족을 느끼게 하고, 역경과 고난을 이겨내고, 스스로 행복을 만들어갈 수 있도록 돕고자 한다. 결국 인간이 가진 최선의 가능성을 이끌어가고자 한다고 볼 수 있다. 따라서 긍정심리학은 긍정적 정서에 중점을 두고 인간을 번영하게 하는 강점과 장점, 덕목들에 대해 집중적으로 연구하고, 잠재력을 개발하며 역경을 이겨내게 하여 인간의 행복과 성장을 지원하는 학문이라고 정리해 볼 수 있다.

(2) 전통적 심리학에서 긍정심리학으로

기존의 전통적 심리학자들에게는 인간의 부정적 행동과 그에 대한 여러 가지 증상들, 예컨대 정신장애, 사회 부적응은 물론 불안이나 우울증, 스트레스 등을 진단하고 치료하는 역할이 주어져 왔었다. 질병모델에 근거한 예방 방법이 주류를 이루었던 그 당시에는 정신장애를 예방하기 위하여 장애를 유발하는 부정적인 요인들을 사전에 차단하는 것이 중요하다는 관점이 보다 더 지배적이었다. 따라서 전통적 심리학자들은 자연스럽게 인간행동의 건강한 측면보다는 질병을, 긍정적 측면보다는 부정적 증상을 진단하고 치료하는데 더 큰 관심을 가질 수밖에 없었다. 물론 그 결과 개인의 부적응을 극복하는 다양한 치료방법을 개발하는데 크게 이바지하였던 것도 사실이다.

이러한 설명에 대해 Seligman(2002)은 질병모델(disease model)에 의거한 기존의 심리학에 새로운 패러다임을 제안하였다. 긍정심리학의 창시자인 Seligman에 따르면 기존 질병모델의 우세성 때문에 심리학은 질병을 예방하거나 치료하는데 주로 초점을 맞추어왔으며, 대신 강점을 키우는 것의 중요성을 도외시해왔다고 보았다. 1998년 미국심리학회 회장 연설에서 Seligman은 인간행동에서 나쁜 측면을 연구하고 이를 바꾸고자 하는 노력에서부터 인간 행동의 좋은 점을 더 향상시키는 방향으로 심리학의 관심이 전환되어야 한다고 주장하였다(Seligman, 1998). 즉, 긍정심리학은 인간의 강점과 재능을 함양하고 행복을 증진시키는 심리학의 중요한 사명을 재확인하고 구현하려는 노력이 필요하다고 보았다. 이후 Seligman의 제안을 계기로 인간의 행복과 강점에 관한 연구가 활발히 진행되었다.

긍정심리학 관점에서 보면 긍정적 자질이나 동기는 부정적인 것만큼 강력하며, 이것들은 그간 인간본성에서 간과되어 왔던 긍정적 측면을 다시 한번 더 확인해주고 있다고 볼 수 있다.

학습된 무기력에서 학습된 낙관주의로

Martin E. P. Seligman(1942~)

출처: 위키피디아.

긍정심리학의 창시자로 일컬어지는 Martin Seligman(1942~) 역시 처음부터 이와 같은 새로운 입장을 취한 것은 아니었다. 그는 1975년 우울증을 설명하는 학습된 무기력 이론(learned helplessness theory)을 발표하면서 세계적 명성을 얻었고, 이후에는 절망감 이론(hopelessness theory)을 제시한 바 있다. 초기에는 우울증 연구자였던 Seligman이 1991년 「학습된 낙관주의(Learned Optimism)」라는 저서를 발표하면서 인간의 긍정적 측면과 행복에 대한 관심을 갖게 되었으며, 1998년 미국심리학회 회장에 취임하면서 긍정심리학을 창시하기에 이른다.

본래 학습된 무기력은 동물들이 통제 불가능한 전기충격을 지속적으로 받은 후 다시 전기충격이 주어지면, 피하려는 노력을 포기한 채 수동적으로 전기충격을 받아들이는 무력한 반응을 표현하기 위해 사용한 용어였다. 실제 인간 행동과 관련지어 보면, 학습된 무기력은 부정적 상황을 극복하기 위한 노력이 지속적으로 실패한 후, 문제해결 행동을 시도하지 않게 만드는 현상이다(이명진 · 봉미미, 2013). 또한 학습된 무기력은 일상행활에서의 열정이나 즐거움을 추구하는 행동을 무능하게 만들고 우리가 느끼는 일상에서의 감정을 둔화시킨다고 본다. 이러한 학습된 무기력이 개인의 자발적인 의지를 감소시켜 동기에 영향을 주고 결국 수동성을 증가시킨다고 주장하기도 한다.

한편 학습된 낙관주의에 따르면, 개인이 나쁜 일의 원인을 어떻게 설명하는가에 대한 개인의 고유한 설명방식을 통해 낙관주의를 살펴본다. Seligman과 여러 학자들은 개인의 낙관주의와 비관주의를 설명양식(explanatory style)으로 개념화하였는데, 이는 부정적 사건을 설명하는 사람들의 특징적 방식을 지칭한다(Peterson, 2000). 즉, 이들에 의하면 자신이 겪은 부정적 사건에 대해 외적(external), 불안정적(unstable), 특정한(specific) 귀인('자신이나 타인의 행위에 관한 인과적 설명에 이르는 과정'을 의미함)을 하는 것을 낙관적 설명양식이라고 하였다. 여기에서 낙관적 설명양식이란 유년기와 청소년기를 거쳐 형성되는 습관으로 어린나이에 이미 낙관적인 태도가 형성되며, 이렇게 형성된 낙관주의는 오랜 기간 안정된 형태로 유지되면서, 신체적 · 정신적 건강과 주관적 행복에 중요한 영향을 미친다.

2) 긍정적인 사람은 어떤 사람일까?

자신의 긍정성이나 낙관성을 증명해 보이는 가장 대표적이고 잘 알려진 예시가 있다면 물 컵에 물이 반 정도 채워진 컵을 보고 나서 어떻게 생각하는가 하는 질문일 것이다. '물이 반 밖에 안남았네'라고 생각하는 사람이 있는 반면, 또 어떤 사람들은 '아직 내겐 물이 반이나 남아있군' 이렇게 생각할 수 있는 것이다. 이미 알고 있는 바와 같이 물 컵에 반 정도 채워진 모습을 보고, 전자와 같이 생각하는 사람보다 후자처럼 생각하는 사람을 보다 긍정적이고 낙관적이라고 일반적으로 판단하는 경향이 있다. 그런 의미에서 과연 나는 긍정적인 사람일까? 아니면 부정적인 사람일까?

(1) 긍정심리학의 인간관

긍정심리학은 인간본성에 대해 기존의 전통적 입장의 심리학과는 다른 관점과 입장을 가지고 있다. 일반적으로 긍정심리학은 인간이 근본적으로 행복과 성장을 추구하는 존재라는 가정에서 출발한다. 아울러 인간이 지닌 긍정 정서와 부정 정서가 서로 독립적이라는 사실을 중시하고 있으며, 지속적인 행복감 속에서 성장과 자기실현을 이루는 삶을 지향하는 존재로 보고 있다. 물론 긍정심리학이라고 해서 인간의 부정적 측면을 모두 부정하는 것은 아니며, 이러한 부정적 측면을 개선해나가려는 개인의 노력의 소중함을 함부로 부정하지도 않는다. 다만 행복하고 만족스러운 삶을 추구하는 개인의 욕구가 매우 중요하다고 여긴다. 다시 말해 긍정심리학에서는 인간을 정신병리의 근원이 될 수 있는 부정적 측면과 개인의 행복을 추구해나가는 긍정적 성향을 모두 가지고 있는 존재로 보고 있다. 인간의 긍정적 정서와 강점은 인간의 약점 만큼이나 진정한 것이며 본래의 가치를 지닌 것으로 여긴다(Rashid, 2008).

이와 같이 긍정심리학은 인간의 본성에 대해 조절되고 통제되어야 한다는 기존의 심리학의 기본 가정에 대해 의문을 던지고 있다. 그러나 긍정심리학의 이러한 문제 제기가 완전히 새로운 것이라고 볼 수는 없다. 이미 인본주의 심리학의 전통과 관련성을 지니고 있으며, 인간이 잠재력을 개발하도록 동기화되었다는 Rogers의 견해와도 크게 차이가 없다고 할 수 있다.

요약해 보면 긍정심리학에 따르면, 인간은 부정적 측면과 긍정적 측면을 모두 가지고 있으며, 부정적 측면은 제거되거나 치료하도록 한다. 다만 긍정적 측면은 더 강화해야 할 요인으로 본다. 즉, 인간은 근본적으로 성장과 행복을 추구하는 존재하는 존재, 행복을 원하는 존재, 잠재능력의 개발을 통해 성장하려는 욕구를 지닌 존재, 자신의 삶을 개선하기 위해 끊임없이 노력하는 존재로 이해하고 있다.

(2) 긍정심리학의 기본 가정

긍정심리학은 기본적으로 다음의 가정을 가지고 있다. 인간의 기본적 동기, 긍정 정서와 부정 정서의 관계, 긍정 정서의 다양성, 부정 정서에 대한 입장 그리고 행복에 대한 기본 입장이 그것이다(권석만, 2008). 이를 간략히 설명하면 다음과 같다.

인간의 기본적 동기	• 인간은 누구나 편안하고 유쾌한 긍정적 정서를 지향하고, 불편하고 불쾌한 부정적인 정서는 회피하는 것이 가장 기본적인 성향이다. • 인간은 자신의 잠재력을 충분히 계발함으로써 자기실현을 이루려는 성장 동기를 지니고 있다. • 긍정심리학에서는 사람들이 여러 가지 인생의 역경을 극복하고 성공적인 삶을 성취해내가는 과정에 주목한다. 이와 같은 인간의 행복과 성장에 관여하는 심리적 요인과 이를 증진시킬 수 있는 효과적인 방법에 관심을 가진다.
긍정 정서와 부정 정서의 관계	• 긍정심리학에서는 부정 정서와 긍정 정서가 서로 독립적이며, 부정 정서를 감소시키고 긍정 정서를 증진시키는 과정이 서로 매우 다른 과정임을 주장한다. 즉, 부정 정서를 제거한다고 해서 자동적으로 긍정 정서가 생기는 것은 아니라는 설명이다. 따라서 긍정 정서를 증진하기 위해서는 부정 정서를 제거하는 방법과 함께 긍정 정서를 향상시킬 수 있는 별개의 개입방법이 필요하다. • 예를 들면, 행복감을 증진시키기 위해서 비관주의를 약화시켜서 부정 정서를 감소시킬 뿐만 아니라 낙관주의를 강화하여 긍정 정서를 증진시키는 것이 필요하다.
긍정 정서의 다양성	• 긍정심리학에서는 사람들의 기분을 일시적으로 좋게 만드는 쾌락지향적 노력이 아니라, 지속적인 행복감 속에서 자기성장과 자기실현을 이루는 삶이 중요하다고 주장한다. • Watson(2002)은 유쾌성(쾌활한 기분, 행복감, 열정적 관심을 뜻함), 확신성(용기와 자신감에서 볼 수 있음), 주의 집중성(전념과 주의 집중에서 볼 수 있음)으로 긍정 정서의 세 가지 관점에 따라 나누어 설명하였다. • Csikszentmihalyi(1990)는 생리적 욕구나 칭찬 등과 같은 사회 심리적 욕구가 충족될 때 느끼는 쾌락(pleasure)과 본인의 목표달성, 잠재력 확장 등으로 인한 즐거움(enjoyment)으로 나누어 긍정 정서를 설명하고 있다. • Seligman(2014)은 순간적인 쾌락이 아닌 자신의 강점과 미덕을 발휘하여 얻은 긍정 정서가 가장 완전한 것이라고 말한다. 인간의 강점과 미덕을 계발하고 이를 발휘하여 가능성을 실현하는 삶이 곧 행복한 삶이라고 할 수 있다.
부정 정서에 대한 입장	• 긍정심리학에서는 부정 정서의 존재와 그 감소를 위한 노력의 소중함을 부정하거나 무시하지 않는다. 왜냐하면 우리는 부정 정서나 고난, 역경을 경험하면서 인생의 의미를 깨닫게 되고 감사하며, 삶이 보다 더 깊어지며 풍성해지는 경우가 많기 때문이다. • 다만 긍정심리학에서는 부정 정서가 제거된다고 해서 행복에 이르는 것은 아니라는 입장이다. 또한 인간에게 있어서 행복하고 만족스러운 삶을 추구하는 욕구가 더 중요하다고 보고 있다.
행복에 대한 관점	• 긍정심리학에서는 행복한 삶을 위하여 긍정 정서를 많이 경험하는 즐거운 삶(pleasant life), 개인의 강점을 발휘하며 일에 몰입하는 적극적인 삶(engaged life), 그리고 자신보다 가족, 직장, 사회를 위해 봉사하고 공헌하는 의미 있는 삶(meaningful life)이 필요하다고 설명한다.

2. 긍정심리학의 발전

긍정심리학은 인간의 부정적인 측면에 편향적인 관심을 기울여 왔던 기존 전통적 심리학에 대한 반성 속에서 인간의 밝고 긍정적인 측면에 관심을 두기 시작하면서 출현하였다. 긍정심리학은 인간의 긍정적인 심리적 측면과 개인과 사회를 번영시키기 위해 강점, 장점을 연구하여 궁극적으로 인간의 행복과 성장을 지원하는 학문이다. 긍정심리학에서는 현재 경험하고 있는 불행과 심리적 장애의 고통을 완화시키는 방법을 알려주는 것보다, 자신의 강점이나 장점, 미덕을 향상시킬 수 있는 방법을 통해 개인의 행복을 향상시킬 수 있다는 강한 믿음을 가지고 있다. 결국 긍정심리학의 목표는 행복(happiness)과 안녕(well-being)의 증진이라고 요약해 볼 수 있다. 또한 자신의 잠재능력을 계발하고 발휘함으로써 더 성장하려는 욕구를 충족시켜주는 것 또한 긍정심리학의 목표이자 주요 관심사라고 할 수 있다. 다음에는 긍정심리학에서 주로 관심을 가지는 주제와 주요 개념에 대해 살펴보도록 한다.

1) 긍정심리학의 주요 연구주제

개인과 집단, 사회에 이르기까지 이들 모두의 성장과 행복과 풍요로운 삶을 촉진하는 것을 목표로 하는 긍정심리학은 기존 전통적 심리학에서 다루었던 연구주제들을 넘어서, 인간이 추구하는 괜찮은 삶, 좋은 삶이 무엇인지, 삶의 질을 향상시키기 위한 주제와 관련하여 지속적인 관심을 가지고 그 방안을 탐구해 왔다. 특히 다음의 세 가지 영역에 대해 연구의 초점을 맞추고 있다. 그것은 긍정적 상태(positive states)인 긍정 정서에 대한 연구, 성격강점인 긍정 특질(positive traits)에 대한 연구, 그리고 긍정 기관(positive institutions)에 관한 연구이며, 이를 일컬어 긍정심리학의 세 가지 기둥이라고 부른다(권석만, 2008).

첫째, 긍정적 상태는 인간이 주관적으로 경험하는 다양한 긍정적 심리상태를 의미하며, 행복감, 만족감, 편안함, 친밀감, 사랑 등과 같은 긍정 정서뿐만 아니라 자신과 미래에 대한 낙관적인 생각이나 희망, 활력, 열정, 확신 등이 포함된다(Copmton, 2007; 홍다은, 2020).

둘째, 긍정 특질은 일시적인 심리상태가 아니라 개인이 다양한 생활 속에서 지속적으로 일관되게 나타내는 강점과 덕성, 긍정적인 행동양식, 탁월한 성품과 덕목을 의미한다. 즉, 개인의 긍정적 성격특성 및 강점 자원에 대한 것으로, 제3장에서 살펴볼 6개의 핵심덕목과 24가지의 성격강점이 이에 포함된다. 긍정 특질과 관련하여 연구되고 있는 주제는 긍정 성품, 성격강점과 미덕, 회복탄력성, 자기실현적인 삶에 관한 내용이다.

셋째, 긍정 기관은 구성원의 자아실현과 행복을 지원하는 긍정적 조직이나 제도를 의미한다. 인간은 자신이 속한 조직의 영향을 받을 수밖에 없다. 이러한 조직이 구성원의 행복과 능력 발휘를 효과적으로 지원할 수 있어야 개인이 행복할 수 있으며 나아가 그들이 속한 조직도 발전하기 마련이다.

2) 나는 긍정적인 사람일까?

(1) 긍정심리자본을 활용한 자기이해

앞서 예시에서 제시했던 질문으로 다시 돌아가 보자. 물 컵에 담긴 반 잔의 물을 보면서 여러분은 어디에 더 주목하겠는가? 남겨진 반 잔에 주목할 것인가?

아니면 비어있는 반 잔에 주목할 것인가? 개인이 어떤 선택을 하느냐에 따라 그 사람이 얼마나 긍정적인 생각을 하는지 또는 비관적인지를 판단하기도 한다. 그러나 우리가 실생활에서 접하는 모호한 상황, 현상이나 자극은 이와 같이 판단하기가 그리 간단하지만은 않다.

긍정적 사고는 일반적으로 문제 상황에 직면했을 때 비관하지 않고, 그 상황에 대해 잘 될 수 있다는 믿음으로 바라보는 시각이라고 할 수 있다. 이와 같은 측면을 고려해 볼 때 여러분은 자신을 얼마나 긍정적 사고를 지닌 사람이라고 생각하는가?

그간 긍정심리학에서 관심을 가지고 연구되어 온 주제인 긍정적 상태, 긍정 특질, 긍정 기관의 개념은 기업의 경쟁우위와 지속 성장을 위해 하나의 자본으로 인식되며 그 개념이 확장되었다. 긍정심리학이 산업·조직 분야에 적용되면서 Luthans와 그의 동료들에 의해 시작된 긍정심리자본(positive psychological capital)은 긍정 조직 행동 분야에서 가장 핵심적인 주제로 대두되었다. Luthans, Avolio, Avey와 Norman(2007)에 따르면, 긍정심리자본은 개인의 심리적 강점을 바탕으로 목표를 달성하고 성과를 향상시킬 수 있는 긍정적 심리상태를 말한다. 다시 말해 긍정심리자본은 주어진 환경에 대하여 긍정적인 심리적 강점을 활용하여 진취적인 사고와 행동을 함으로써 성과를 향상시키는 것을 의미한다.

긍정심리자본은 4가지의 핵심요소로 구성되어 있다. 쉽지 않은 과제를 성공하기 위한 자신감(자기효능감)을 지니며, 성공 가능성에 대해 낙관적이며(낙관성), 인내하면서 목표를 추구하게 한다. 또한 목표를 향해 인내하고 비전을 공유하면서 필요한 경우 성공을 위해 다른 방법을 선택하고 재설정하기도 하며(희망), 그리고 그 과정에서 어려움을 만났을 때는 이를 극복하여 좌절하지 않고 도전적인 상태로 회복하거나 이를 극복하는(회복탄력성) 개인이 긍정적이고 복합적인 심리상태를 말한다(Luthans, Youssef & Avolio, 2007). 긍정심리자본은 일이나 삶에서 사람들로 하여금 자신들의 잠재력을 발휘하게 하여 더 풍요로운 삶을 살아갈 수 있게 하는 중요한 역할을 수행한다고 볼 수 있다.

(2) 설명양식을 활용한 자기이해

개인에게 어떤 사건이 일어났을 때 그 사건을 어떻게 이해하고 받아들이는가 하는 것 역시 개인의 선택에 의존한다. 자신에게 벌어진 사건을 설명하는 습관적인 방식을 설명양식이라고 한다. 설명양식은 개인이 직면한 좋은 사건과 나쁜 사건이 있을 때 그 원인을 어디에 돌리는가의 문제이며, 그에 따라 개인이 그 사건을 어떻게 설명해내는가의 문제이기도 하다. 이 설명양식은 낙관적 설명양식과 비관적 설명양식으로 나누어 설명해 볼 수 있다. 다음의 예시를 통해 좋은 사건과 나쁜 사건에 대한 낙관적 설명양식과 비관적 설명양식의 차이점을 설명해 보도록 한다.

표 1-1 낙관적 설명양식과 비관적 설명양식

	낙관적 설명양식	비관적 설명양식
좋은 사건	1. 내가 있어서 이런 좋은 일이 생긴 거야 2. 좋은 일은 계속 생길거야 3. 내 삶이 모든 면에서 점점 더 좋아지고 있어	1. 어쩌다 이런 일이 생긴 거야 2. 앞으로 다시는 이런 행운이 없을 거야 3. 이 일은 내게 별로 중요한 것은 아니었어
나쁜 사건	1. 이 일이 꼭 나 때문에 생긴 것만은 아니지 2. 다음 번에도 안 좋은 일이 꼭 생기리란 법은 없어 3. 이 일이 내 삶을 위협하지는 못해	1. 다 나 때문에 일어난 일이야 2. 나한테는 항상 안 좋은 일만 생겨 3. 이 일이 내 인생을 다 망쳐버릴거야

앞 예시에서 살펴본 바와 같이 낙관적인 설명양식을 따르는 사람은, 인생에서 나쁜 일이 일어났을 때에도 절망적 타격을 완화시키고 자기 이미지와 인생에 대해 여전히 긍정적인 측면을 바라볼 수 있도록 해주는 방식으로 그 사건을 해석하는 경향이 있다.

함께 생각해 보기

늙은 인디언 추장의 지혜

한 늙은 인디언 추장이 자기 손자에게 말했습니다.

"얘야, 우리 모두의 마음속에서 두 늑대가 싸우고 있단다.
한 마리는 악한 늑대로, 그 놈이 가진 것은 화, 질투, 슬픔, 후회,
탐욕, 거만, 자기 동정, 죄의식, 회한, 열등감, 거짓, 자만심, 우월감
그리고 이기심이란다.
다른 한 마리는 좋은 늑대로, 그가 가진 것은 기쁨, 평안, 사랑, 소망,
인내심, 평온함, 겸손, 친절, 동정심, 아량, 진실 그리고 믿음이란다."

"어떤 늑대가 이기나요?"

손자가 묻자, 추장은 간단하게 대답 했습니다.

"네가 먹이를 주는 놈이 이기지."

3. 긍정심리와 행복

"행복은 애쓰는 게 아니라 좋은 경험 그 자체에 있어요. 좋은 경험이란 행위의 보상이나 결과와 상관없이 그 행위 자체가 나에게 기쁨을 주는 것을 말하죠."

– 문요한 〈올 어바웃 해피니스(2019)〉 중에서 –

행복은 슬픔이 사라져야만 찾아올 수 있을까? 아무리 노력해도 나아지지 않는 현실 앞에서 과연 나는 행복을 찾을 수 있을까?

이런 질문에 대해 긍정심리학은 무엇이라고 답하고 있는지 함께 생각해 보도록 한다.

1) 긍정심리학의 행복관: 행복을 만들 수 있을까?

긍정심리학은 행복의 증진을 목표로 하고 있다. 이와 같은 관점에서 행복에 관한 긍정심리학의 접근은 크게 두 가지 갈래로 구분하여 볼 수 있다(권석만, 2008). 첫 번째 접근법은 '쾌락주의적 입장'에 관련된 것으로, 주관적 안녕(subjective well-being)이라는 용어를 사용하여 행복을 설명한다. 주관적 안녕은 개인이 자신의 삶을 긍정적으로 경험하는 주관적인 심리상태를 의미한다. 삶 전반에 대한 삶의 만족도 또는 삶의 질이라는 용어가 사용되기도 한다. 이것은 긍정심리학의 세 기둥으로 일컬어지는 요소 중 하나인 '긍정 상태'의 주요 주제이기도 하다. 주관적 안녕은 정서적 요소로서는 긍정 정서와 부정 정서를 말하며, 인지적 요소로서는 삶의 만족도라고 지칭된다. 즉, 주관적 안녕은 많은 긍정 정서와 적은 부정 정서, 그리고 높은 삶의 만족도를 경험하는 상태로 정의할 수 있다.

행복에 대한 두 번째 접근법은 '자기실현적 행복관'에 근거하고 있다. 자기실현적 입장을 따른 행복이란 개인의 잠재적 가능성을 충분히 발현하는 것이라는 관점을 의미한다. 자기실현적 입장을 가진 긍정심리학자들은 긍정적 성품과 덕성을 함양함으로써 타인과의 관계 속에서 가치있는 삶을 구현하는 것이 행복한 삶이라고 여긴다. 그리고 이러한 자기실현적 삶을 추구하는 과정에서의 부산물이 바로 주관적 안녕이라고 설명한다.

긍정심리학의 창시자인 Seligman(2002)은 '진정한 행복(authentic happiness)'이란 사람마다 자신의 긍정적 성품을 발견하여 일, 사랑, 놀이, 자녀양육과 같은 중요한 삶의 영역에 활용함으로써 만족감과 행복감을 경험하는 것이라고 말한다.

앞서 긍정심리학의 기본가정에서 이미 살펴본 바와 같이, 행복한 삶을 위한 조건 세 가지는 즐거운 삶(pleasant life), 적극적인 삶(engaged life), 의미있는 삶(meaningful life)을 들 수 있다. 첫째, 즐거운 삶(즐겁게 살기)은 과거, 현재, 미래에 대해서 긍정적인 감정을 느끼면 살아가는 상태를 말한다. '지금 이 순간'의 경험에 대한 적극적 참여와 몰입을 통해 즐거움을 경험하며, 미래에 대한 낙관적인 기대와 희망을 느끼며 사는 것이다. 둘째, 적극적인 삶(적극적으로 살기)은 자신의 매일의 삶에서 열정적으로 참여하고 자신의 성격적 강점과 잠재력을 최대한 발휘하며 자기실현을 이루어가는 삶으로, 강점들 중에서 자신의 독특성을 가장 잘 나타내는 대표강점(signature strengths)을 찾아내고 계발하여 이를 구체적으로 잘 활용한 것이다. 셋째, 의미있는 삶(의미있게 살기)이란 자신의 삶에서 삶의 의미를 발견하는 것인데, 이는 자신만을 위한 개인적인 삶을 넘어 타인과 사회를 위해 기꺼이 봉사하고 기여할 때 느끼는 행복에 주목한다.

2) 행복에 대한 새로운 이해

(1) 행복에서 well-being으로

Seligman은 행복한 삶의 구성요소로 즐거운 삶, 적극적인 삶, 의미있는 삶을 제시하고 있다. 이는 행복한 삶의 조건이기도 하다. 앞서 살펴본 바와 같이 '즐거운 삶'이란 긍정 정서를 최대화하고 부정 정서를 최소화하는 삶이라고 할 수 있다. '적극적인 삶'이란 자신이 선택한 활동에 열정적으로 참여하여 몰입함으로써 자신의 강점과 잠재력을 최대한 발휘하여 자기실현을 이루어나가는 삶을 말한다. '의미있는 삶'은 자신보다 더 큰 사회를 위해 봉사하면 소중한 의미를 발견하고 의미를 부여할 수 있는 삶이라 하였다.

앞서 이미 설명한 바와 같이 초기 긍정심리학에서의 목표는 행복의 증진에 중점을 두고 있었지만, 최근에는 몇 가지 한계점을 들어 기존의 행복에 대한 설명이 불완전함을 인정하였다. 즉, 행복을 측정하는 기준의 모호함이나 행복의 구성요소에 대한 제한적인 설명을 인정하면서 Seligman은 긍정심리학의 목표를 행복의 증진에서 '플로리시(flourish)'의 증가로 바꿀 것을 제안하면서 '웰빙(well-being)'을 중심으로 한 '웰빙이론'을 발표하기에 이른다. 플로리시란 웰빙을 측정하기 위한 기준으로 긍정적 정서(Positive emotion), 몰입(Engagement), 관계(Relationship), 의미(Meaning), 성취(Accomplishment)의 5가지 핵심요소로 구성되며 각 첫 글자를 따서 PERMA라고 부른다. PERMA는 기존의 행복에 대한 긍정심리학의 관점에 몇 가지 중요한 설명을 덧붙이고 있다. '관계'의 측면에서 볼 때, 진정한 의미의 행복은 다른 사람과 긍정적인 관계를 맺을 때 가능하다는 설명이다. 인생에서 의미있고 행복한 활동은 타인과 함께 만들어가는 측면이 있음을 반영하고 있다. '성취'는 강제성 없이 성취하는 과정 자체가 좋아서 선택하고 기꺼이 해내는 경험이라고 설명하고 있다(Seligman, 2011).

(2) PERMA의 이해

최근 들어 Seligman은 긍정심리학의 새로운 주제는 '웰빙(well-being)'이고, 그 목표는 플로리시(flourish)라고 주장하면서, 핵심요소로 PERMA 각 요소를 제시하고 있는데, 그 내용을 구체적으로 살펴보면 다음과 같다.

첫째, 긍정적 정서(Positive emotion)로서 기쁨, 희열, 평안, 감사, 희망, 낙관성 등을 말한다. 이러한 긍정적 정서를 지속적으로 이끌어내는 삶이 바로 '즐거운 삶'으로 연결될 수 있다. 이러한 긍정적 정서는 우울을 비롯한 심리적 문제나 증상들의 완충 역할을 하며, 궁극적으로 회복탄력성을 증진시키는 역할을 하기도 한다.

둘째, 몰입(Engagement)은 시간가는 줄 모르고 특정 활동에 빠져드는 동안 자각하지 못하는 것을 의미한다. 현재 과업에 대한 강렬한 주의집중을 일으키며, 내적 동기에 의해 유발되기 때문에 몰입 경험 자체가 행복과 즐거움을 가져온다고 설명한다.

셋째, 관계(Relationship)는 타인과 함께하는 것으로, 관계형성을 의미하며 사랑하고 아끼는 사람과 함께 어울리는 삶이라고 할 수 있다. 개인은 다른 사람과 함께 나누며 다른 사람을 행복하게 할 때 행복을 느끼기도 한다. 긍정심리학의 창시자 중 한 명인 Peterson(2006)은 긍정심리학과 행복을 '타인'이라는 단 한 단어로 요약할 수 있다고 말한 바도 있다(김광수, 2019).

넷째, 의미(Meaning)는 삶 속에서 소중한 의미를 발견하고 가치를 부여하는 것을 말한다. 인생의 목적과 의미를 추구하는 삶을 '의미있는 삶'이라고 하는데, 이런 의미있는 삶이란 자신만을 위한 삶을 넘어서 가족, 직장, 지역사회, 국가 등 자신보다 더 큰 가치에 기여하고 공헌함으로써 자신의 존재가치를 느낄 때 경험하게 되는 행복이라고 설명한다.

다섯째, 성취(Accomplishment)는 자신이 원하는 어떤 목표를 달성하는 것이다. Seligman(2012)은 성취하는 인생을 적극 지지하거나 제안하기보다는 어떤 의무나 강제성 없이 그 자체가 좋아서 사람들이 선택하고 성취하는 것을 더욱 강조하고 있다.

이상에서 살펴본 행복의 5가지 핵심요소가 어느 한 가지에 편중되지 않고 균형을 이루는 삶을 경험할 때 개인은 충만한 삶을 경험하게 된다.

3) 긍정심리학의 관심 주제: 긍정적 경험과 긍정적 성품

(1) 몰입

긍정심리학에서 다루는 개인의 긍정적 체험, 긍정적 경험을 일컬어 플로우, 즉 몰입(flow)이라고 한다. 플로우는 Csikszentmihalyi(1975)에 의해 처음 명명되었는데, 그는 플로우를 어떤 일을 하면서 고도의 집중상태에서 즐겁게 몰입하는 긍정적인 심리상태로 정의한 바 있다. 처음에는 자기목적적 경험(autotelic experience)이라는 명칭으로 사용되다가 이후 좀 더 일상적인 용어인 몰입 경험으로 개칭되었다. 여기서 몰입 경험은 무언가에 "흠뻑 빠진 집중상태(being in flow)"를 의미한다(권석만, 2008). 몰입이란 우리가 무엇인가에 완전히 빠져 있는 상태로 시간이나 공감, 타인의 존재, 자아를 의식하지 못할 정도로 집중되어 있는 상태이며, 최적의 경험이라고도 부를 수 있다. 가령 예를 들어 창의적인 예술 활동에 심취할 때, 종교의식에 참여할 때, 즐거움을 위한 독서를 할 때, 혼자만의 시간을 갖는 휴양을 즐길 때 등 우리의 다양한 일상생활에서 몰입 경험을 하게 된다. 특히 이때 직업과 관련된 일이나 업무에 집중하면서 일을 즐길 때도 개인은 몰입을 경험하게 되는데, 이때의 몰입 경험은 직업 만족의 중요한 요소로 작용한다. 그런 의미에서 자신의 직업에 몰입하면서 즐기는 사람들의 행복도는 그만큼 높다고 하겠다. 이러한 사람들은 몰입하는 동안 강렬한 주의집중을 하면서 시간 가는 줄도 모르고 심지어 자아의식의 경계까지 사라진다. 더욱이 이들은 성과물의 성패에 집착하거나 그것으로 인한 외적 보상에 몰두하는 것도 아니었다. 그저 집중하면서 경험하는 긍정적 경험, 몰입 경험이 가져다주는 즐거움 자체에 더 몰두하는 경향이 있는 것으로 나타났다. 몰입을 촉진하는 소건을 살펴보면 다음과 같다.

첫째, 분명하고 구체적인 목표가 필요하다. 원대한 목표보다는 그것을 이룰 수 있는 명확하고도 구체적인 단기목표를 위한 활동을 할 때 몰입이 더 촉진된다는 것이다. 예컨대 '성적을 올려야겠다'는 막연하고 모호한 목표보다는 '이번 학기 중간고사 성적을 7점 올려야겠다'라는 목표로 공부하는 학생들이 몰입하기에 더 수월할 수 있다는 것이다.

둘째, 즉각적인 피드백이 필요하다. 즉각적인 피드백은 개인이 현재 상황을 파악하고 나아가야 할 방향을 점검할 기회를 주기 때문에 즉각적인 피드백은 개인의 몰입을 보다 더 촉진하는 경향이 있다.

셋째, 개인의 기술 수준과 과제의 난이도가 적절한 균형을 이룰 필요가 있다. 일반적으로 사람들은 지나치게 어려운 난이도의 과제를 접할 때나 반대로 내 수준에 너무 쉬운 도전과제를 접할 때 모두 흥미를 잃게 되는 것을 경험한다. 따라서 개인의 수준과 과제의 난이도가 개인에게 적절하고 균형잡혀 있을 때 더욱 몰입을 하게 된다.

이밖에도 몰입을 촉진하는 요인으로 개인의 흥미, 과제에 대한 내재적 동기와 호기심 등이 있다.

(2) 주관적 안녕감

많은 연구자들은 진정한 의미의 삶의 행복과 개인적 성장을 위해서는 객관적인 삶의 질뿐만 아니라 개인이 지각하는 주관적 삶의 질, 즉 주관적 안녕감이 더 중요하다고 언급하고 있다. 주관적 안녕감(subjective well-being)은 주관적 삶의 질, 삶에 대한 만족감, 심리적 만족감, 행복 등의 보편적이고도 다양한 용어로 연구되어 왔다. 주관적 안녕감은 Diener(1984)에 의해서 처음으로 구체화되었는데, 삶에 대한 만족감이 높고 긍정적 정서 경험이 빈번하고 부정적 정서 경험이 적은 상태를 일컬어 주관적 안녕감이라고 하였다. 이후 주관적 안녕감에 대한 연구들이 활발히 이루어져왔다.

Diener(2000)에 따르면 주관적 안녕감이란 한 개인의 자신의 삶에 대한 인지적·정서적 평가를 말한다. 사람들은 기쁜 일은 많은 반면 부정적 정서는 적게 경험할 때, 흥미있는 활동에 몰입되어 있을 때, 즐거움은 많은 반면 고통은 적게 경험할 때, 그리고 자신의 삶에 대해 만족할 때 주관적 안녕감이 넘쳐나는 것을 느낀다(안신호 외, 2009). 최근 연구에서는 주관적 안녕감은 삶의 만족, 긍정적 정서, 부정적 정서의 세 가지 요소가 포함되어 있다고 설명한다. 여기서 삶의 만족은 한 개인이 자신의 삶에 대해 어느 정도 만족하는지에 대한 인지적 판단을 말한다. 긍정적 정서와 부정적 정서와 같은 정서적 요소들은 자신의 삶에 대한 사람들의 느낌, 즉 즐거운 정서 또는 불쾌한 정서에 대한 빈도와 강도를 의미한다. 요컨대 주관적 안녕감은 개인이 자신의 삶에 대해 지각하는 정서적·인지적 판단, 즉 긍정적 혹은 부정적 정서 경험과 대인관계를 비롯한 삶에 대한 전반적인 만족감을 포괄하는 주관적인 내적 경험을 의미한다(Diener, 1984; Ryff, 1989).

(3) 몰입과 주관적 안녕감의 관계

일반적으로 사람들은 깊은 몰입을 통해 더욱 인생을 즐기게 되고, 행복한 삶을 경험한다. 몰입한 시간이 많을수록 삶의 경험의 질이 더 향상된다고 설명한다. 또한 사람들은 금전적 보상이나 칭찬과 같은 외적 보상이 따르지 않더라도 몰입의 경험을 지속하기도 한다. 왜 그럴까? 몰입이 가져다주는 또다른 즐거움이나 유익이 있기 때문인데, 몰입이 내적으로 동기를 부여해 주는 활동이 되기 때문이다. 즉, 몰입을 통해 사람들은 긍정저 삶의 질, 행복감, 주관석 안녕감을 더 크게 경험한다고 볼 수 있다.

한편 Csikszentmihalyi(1997)는 몰입경험이 많을수록 행복감이 더 높아지는 경향이 있지만 반드시 그런 것만은 아니라고 말한다. 직업적 활동을 통해 몰입을 경험하지만 그것이 늘 즐거운 경험이 되거나 개인의 다른 삶의 영역보다 더 행복하다고 말할 수만은 없기 때문이다. 또한 몰입이 항상 긍정적인 결과만을 가져오는 것은 아니다. 가령 일상에서의 몰입경험이 도박중독이나 게임중독과 같은 스스로 통제하기 어렵거나 자기 파괴적인 결과를 초래할 수도 있다. 따라서 행복과 관련하여 몰입의 경험은 몰입 자체보다도 어떤 일에 몰입하느냐가 더 중요하다고도 볼 수 있다. 즉, 즐거움을 주는 동시에 의미있는 일을 하는 것이 보다 더 중요하다는 주장이다. 이에 대해 Nakamura(1995)는 몰입(즐거운 몰입상태)과 의미(주관적 중요성)를 경험하며 세상에 적극적으로 임하는 태도를 일컬어 열정적 관여(vital engagement)라고 명명하였다(권석만, 2008).

(4) 심리적 안녕감

한 개인에게 있어 삶의 질이 높다는 것이 단지 행복한 삶을 의미하는 것일까? 이와 같은 질문에 대해 의문을 제기하면서 Ryff와 그녀의 동료들은 개인의 삶의 질을, 삶의 만족도나 긍정 및 부정 정서로 이해하려고 했던 주관적 안녕감에 대해 근본적인 의문점을 가지기 시작했다. 이어서 Ryff 등은 성격심리학이나 임상심리학 분야에서 긍정적 정신건강에 대해 주목하는 가운데, '심리적 안녕감(psychological well-being: PWB)'에 관심을 가지게 되었다. 구체적으로 설명하면 Ryff(1989)는 Maslow의 자아실현, Rogers의 충분히 기능하는 사람, Allport의 성숙, Jung의 개성화 등의 심리학적 이론을 기초로 하여 개인의 삶의 질을 측정할 수 있는 6개 차원으로 이루어진 척도를 개발하였고, 이것이 측정하는 삶의 질을 '심리적 안녕감'이라고 하였다. 심리적 안녕감의 6개 차원과 기준을 설명하면 다음과 같다.

- **자기수용:** 긍정적 자기평가, 자기 자신에 대한 긍정적 태도, 긍정적·부정적 특질을 모두 자기능력에 대한 균형잡힌 그림으로 받아들이는 태도
- **개인적 성장:** 성장의 잠재력과 발전가능성, 새로운 경험에 대한 개방성
- **타인과의 긍정적 관계:** 타인과의 따뜻하고 친근한 관계, 타인의 복지에 대한 관심, 타인에 대한 공감과 친밀감 및 신뢰
- **자율성:** 자기주도성에 대한 편안함, 독립적이고 자기 결정적임, 사회적 압력에 저항하는 능력
- **삶의 목표:** 삶의 의미와 목적을 가지고 있다는 느낌, 삶의 방향을 제시해 주는 목표와 신념이 있음
- **환경에 대한 통제감:** 외부 환경을 잘 통제할 수 있다는 믿음, 목표달성에 도움이 되는 환경과 상황을 선택하는 능력

(5) 성격강점과 미덕

개인의 강점은 시간이 지나고 환경이 바뀌어도 반복적으로 일어나는 개인의 특성이다. 분명 성격강점은 개인의 능력이나 재능과는 구분되는 것으로, 구체적인 성과와는 관련없이 그 자체로서 가치가 있으며 선천적 재능과 달리 노력에 의해 의도적인 계발이 가능한 인간의 긍정적 특질이라고 본다(권석만, 2008). 성격강점은 단순히 다른 사람보다 잘하는 것이나 좋아하는 것이 아니라, 삶에 대처해 가는 자세로서 비록 기초가 약해도 얼마든지 계발할 수 있는 도덕적 특성이다(Peterson & Seligman, 2004).

특히 Peterson과 Seligman(2004)은 사람마다 나름대로의 다양한 성격적 강점

이 있다고 주장하면서 이러한 강점들 중에서 개인의 독특성을 가장 잘 보여주는 두드러진 성격강점들을 '대표강점(signature strengths)'이라고 명명했다(김광수, 2019). 이들에 따르면 대표강점은 개인이 실제로 일상생활에서 자주 사용하며, 그 사람의 특성을 가장 잘 반영하는 것이라고 타인들도 인정할 수 있는 강점이라고 설명한다. 따라서 자신의 대표강점이 무엇인지 발견하고 개인의 삶에 적용해 보는 일이야말로 진정한 의미에서 자기이해의 첫 출발점이 된다고 할 수 있다. 대표강점의 특징을 소개하면 다음과 같다.

- 소유감과 진정성 ("이게 진짜 나야.")
- 그 강점을 특히 맨 처음에 발휘할 때 짜릿하다.
- 그 강점을 처음 연습할 때 학습 속도가 매우 빠르다.
- 그 강점을 활용할 새로운 방법을 아주 열심히 찾아낸다.
- 그 강점을 필연적으로 활용할 수밖에 없다. ("나 좀 그만두게 해 줘.")
- 그 강점을 활용할 때 피곤하기는커녕 오히려 더 기운이 난다.
- 그 강점을 활용할 수 있는 개인적인 프로젝트를 고안하고 추구한다.
- 그 강점을 활용하는 동안 기쁨, 열정, 열광, 심리적 황홀경에 빠지기도 한다.

— Seligman 〈Flourish(2011)〉 중에서 —

개인의 성격강점과 미덕은 3000여 년 전부터 지금까지 전 인류를 통해 관통해오고 전 세계적으로 가장 많이 전해져오는 6가지의 미덕(덕목)과 24가지의 과학적으로 측정 가능한 강점으로 구성되어 있다. 특히 6가지의 미덕은 전 세계적으로 종교, 철학 등에서 통용되는 공통적인 미덕을 정리한 것이며, 지혜와 지식, 용기, 사랑과 인간애, 정의감, 절제력, 영성과 초월성을 말한다. 이러한 미덕을 기르기 위한 실천이 바로 24가지 성격강점이라고 할 수 있다. 미덕과는 달리 강점은 측정가능한 부분이다. 이러한 강점과 미덕에 대한 분류체계가 최근에 개발되었는데 VIA(Virtues in Action) 분류체계가 그것이다. 이 VIA 분류체계는 Peterson과 Seligman(2004)에 의해 주도되어 진행된 VIA 프로젝트의 한 결과물로서 24가지의 개인의 성격강점을 확인할 수 있는 유용한 분류체계라고 할 수 있다. VIA 분류체계와 6가지의 핵심 덕목 및 24가지의 대표강점에 대한 설명은 이어지는 제3장에서 보다 자세히 공부하기로 한다.

4) 긍정심리학에 대한 오해와 편견

앞서 다양한 설명을 통해 긍정심리학은, 전통적인 심리학이 인간 이해의 부정적 측면에 지나치게 초점을 맞추며 정신병리, 부적응, 증상의 제거에 주로 관심을 기울이고, 긍정적 측면의 향상에는 상대적으로 소홀하였다는 학문적·임상적 반성 속에서 출발하였음을 언급하였다. 긍정심리학이 이런 가정과 출발점에 서 있다 보니, 긍정심리학을 연구하고 적용하는 상담자들이 지나친 낙관주의에 머물러 있는 것은 아닌가 오해를 받게 되는 경우가 적지 않다. 이들이 세상을 장밋빛 안경을 쓰고 보고 있는 것은 아닌지, 당면한 삶의 어두운 측면은 간과한 채 지나치리 만큼 긍정적인 측면에만 머무는 것은 아닌가 하는 비판을 받기도 한다. 이와 같은 오해와 편견이 긍정심리학을 바르게 이해하고 적용하는 데 제한점이 될 수도 있다.

긍정심리학자들은 자신의 강점을 인식하고 자신의 삶에 행복과 성장을 가져다 줄 긍정성에 관심을 가지는 만큼, 개인이 약점을 관리하고 삶의 최악의 조건을 수정하는 데에도 관심을 가진다(이훈진 외, 2012). 특히 심리적 어려움을 경험하는 내담자들과 상담하는 긍정심리학자들은 부적응이나 정신병리를 경험하는 사람들이 이를 극복하도록 돕는 데에도 늘 관심을 가지고 있다(Seligman & Csikszentmihalyi, 2000).

나에게 적용하기

1. 긍정적인 사람은 어떤 사람일까?

- 심리자본은 자기효능감, 낙관성, 희망과 회복탄력성 등과 같은 특징을 갖는 개인의 개발된 긍정적 심리상태라고 정의할 수 있습니다.

- 나 자신의 '심리적 자본'은 구체적으로 무엇이라고 생각하는지 다음의 내용을 적어보세요.

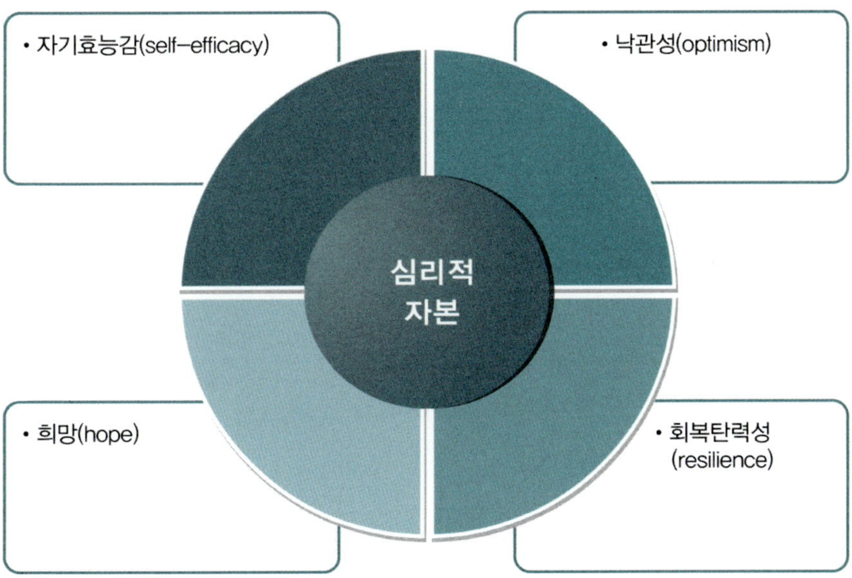

2. 긍정심리학을 활용하여 나 자신을 이해하기 위해 이번 학기 동안 기대하는 것은 무엇인가요?

1) 본 수업을 통해 기대하거나 또는 배우고 싶은 것은 무엇인가요?

2) 자기이해와 관련하여 이번 학기 동안 스스로 노력해보거나 또는 도전해보고 싶은 과제나 목표가 있나요?

3) 지금까지 살아오면서 스스로 생각하고 있는 내 성격의 강점, 장점은 무엇이라고 생각하나요?

CHAPTER

02

나에 대한 이해

앞 장에서는 긍정심리학이란 무엇이고 긍정심리학의 발전 방향, 행복 및 구성 요소에 대해 설명하였다. 제2장에서는 "나"에 대해 알아보고자 한다.

1. 나는 어떤 사람인가?

"나"에 대한 설명은 다양하다. "나"에 대한 설명은 우선 자아(ego)와 자기(self)로 설명할 수 있다. 자아(ego)와 자기(self)에 대한 개념은 학자마다 조금씩 다르게 설명하고 있지만, 이 책에서는 Freud가 말하는 자아와 대상관계이론에서 말하는 자기에 대해 설명하고자 한다. 이후 자기자신이 생각하는 "나"에 대한 개념과 이러한 "나"를 만드는 다양한 환경과 그것으로 나타날 수 있는 상황들을 다룰 것이다.

1) 자아(ego)와 자기(self)

(1) Freud가 말하는 자아

Freud는 인간의 성격을 원초아(id), 자아(ego), 초자아(superego)의 세 요소로 구성된다고 하였다. 초기에 Freud는 이 중 원초아(id)에 초점을 둔 추동(drive) 심리학을 주장하다가 후기에 자아(ego)에 초점을 둔 자아(ego)심리학을 주장하였다(최영민, 2010). 자아심리학 시기에서 Freud는 성격의 세 요소 중 자아(ego)

를 가장 중요한 요소로 보았다.

원초아(id)는 영어의 it과 같은 의미로 자아와 성질이 다르다는 의미로 고안된 용어이고 무의식의 중요한 부분을 차지한다. 원초아는 모든 심리적 기능의 에너지원이고 자아와 초자아에 필요한 에너지도 원초아가 제공한다. 원초아는 구조화되지 않은 본능적 욕구들의 저장소라 할 수 있다. Freud(1933)는 원초아를 다음과 같이 표현하였다. “접근할 수 없는 우리 인격의 어두운 부분이 원초아이다. 그것은 펄펄 끓는 흥분의 가마솥 같으며, 끓어오르는 자극과 흥분으로 가득 찬 혼돈 상태이다.” 원초아는 스스로 본능적 욕구를 지연시키거나 수정할 수 있는 능력이 없다.

자아(ego)는 원초아의 본능적 욕구를 현실에 맞게 조절하고 통제한다. 자아는 Freud의 지정학적 이론에 나오는 의식, 전의식, 무의식의 모든 부분에 걸쳐있다. 자아는 인간이 의식적으로 조절할 수 있는 마음의 부분이다. 자아는 막 태어난 신생아에게는 없다고 알려져 있다. 초기에는 원초아만 존재하는데 외부세계(환경)의 요구로 인해 원초아가 수정되면서 자아가 형성된다고 한다(이승용, 2007). 자아는 크게 세 가지 기능이 있는데 첫째는 원초아의 조절 및 규제이다. 인간의 초기에는 원초아에 의한 쾌락원리대로 살지만 점차적으로 쾌락원리가 현실원리로 대체되면서 자신의 욕구를 행동으로 나타내지 않고 우회적으로 표현할 수 있는데 이것이 자아의 역할이다. 둘째는 판단능력이다. 이차과정 사고가 발달하면서 인간은 자신의 행동이 타인에게 어떻게 영향을 주고 자신은 어떻게 영향을 받는지를 알 수 있게 된다. 이러한 사람의 행동결과를 예측할 수 있는 것이 판단인데 자아가 이러한 판단을 가능하게 한다. 셋째는 현실과의 관계 맺기이다. 내부세계와 외부세계를 연결하는 것은 자아의 중요한 기능 중 하나이다. 자아는 느껴지는 감각이 신체 외부의 감각인지 내부의 감작인지를 구분하는 현실감각, 내면의 환상과 외부 현실을 구분하는 현실검증, 전에 경험했던 것을 가지고 새로운 환경 변화에 적응할 수 있는 현실적응 능력을 가지고 현실과의 관계를 맺는다.

초자아(superego)는 아동이 커가면서 부모(주 양육자)의 다양한 가치와 이상을 내재화하여 생긴 그 사람의 도덕적 양심을 의미한다. 초자아는 자아 이상과 협의의 초자아로 나뉘는데 자아 이상은 부모님의 양심 기준과 부모 혹은 중요한 타인에게 인정받거나 칭찬받아 형성된 이상적인 자기상, 그리고 중요한 인물과 이상적인 관계를 맺은 관계 자체를 기준으로 만들어진 올바르고 따를 만한 것을 따라 하는 양심이고, 협의의 초자아는 아동이 자신의 말투나 행동에 대해 부모나 다른 사람들에게 비난 받거나 벌을 받은 것을 토대로 형성된 그릇되고 잘못된 것을 금하고자 하는 양심이다(최영민, 2010).

Freud는 자아가 원초아의 욕구와 초자아의 욕구 그리고 현실이라는 세 힘 사이를 중재한다고 하였다. 이것을 그림으로 표현하면 그림 2-1과 같다.

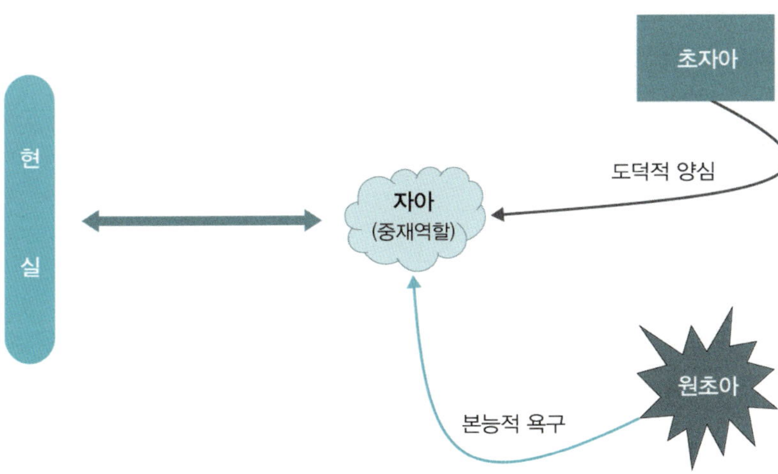

그림 2-1 자아의 역할

(2) 대상관계이론에서 말하는 자기

대상관계이론에서 말하는 자기를 이해하기 위해선 우선 대상이 무엇인지를 알아야 한다. 대상은 크게 내적 대상과 외적 대상으로 구분할 수 있는데, 외적 대상은 사회 환경 내에 있으면서 직접 볼 수 있는 실재하는 사람이나 사물, 장소 등을 말하고 내적 대상은 사람에 의해 경험되고 묘사되는 외적 대상에 대한 이미지나 생각, 환상, 감정, 기억 등을 말한다.

대상에 대해 Freud는 사랑과 미움의 정신적 에너지가 투여된 어떤 것이라고 했고, Klein은 자기라고 불리는 내적 환상과 대상이라고 불리는 내적 환상 간의 관계라고 하였다.

즉, 사람은 생애 초기 양육자와의 관계에서 형성된 자신과 양육자에 대한 자신의 생각과 느낌 그리고 타인 및 세상을 지각하고 타인과 관계를 맺는 방식에 따라 대상관계를 맺는다. 그렇기 때문에 사람들은 때로 타인들을 실제 있는 모습 그대로가 아니라 그들이 상상하는대로 지각한다.

대상관계이론에서 말하는 자기(self)란 대상들과의 관계, 환경 내의 중요한 대상들과의 상호관계한 결과로서 “나”라는 사람과 관련된 의식적이고 무의식적인 생각과 느낌을 말한다(김진숙, 2019).

(3) 자아와 자기 그리고 나

다양한 심리학자들은 “나”라는 존재를 이해하기 위해 다양한 이론들을 만들어왔다. 여기서 설명한 자아 및 자기도 이런 이론들 중 하나이다. 자아는 원초아, 초자아, 현실 간의 중재역할을 하고, 자기는 내가 바라보는 나와 대상들과의 관계에서 인식되는 나로 인해 정의되는 나에 대한 생각과 느낌이다. 이러한 자아 및 자기를 인식한다면 나에 대한 이해가 높아지겠지만 우리가 이러한 자아나 자기를 인식한다는 것은 매우 힘들다. 하지만 우리가 이론을 안다는 것은 매우 중요하다. 이론은 토대가 되기 때문이다.

2) 나를 구성하고 있는 요인들

앞서 우리는 나에 대한 이론으로 자아와 자기에 대해 다뤘다. 이번에는 내가 바로 보는 나는 어떤 모습인지를 살펴보고자 한다.

(1) 성격

성격을 의미하는 'personality'는 희랍어 'persona'에서 유래하였다. Persona는 '가면'을 지칭하는 말로 겉으로 드러나 남에게 보이는 사회적인 얼굴을 의미한다. 성격은 개인의 독특한 심리적 특성과 행동 패턴을 의미한다. 성격에 대한 정의에 대해 Allport(1961)는 한 개인의 독특한 행동과 사고 및 감정의 패턴을 생성해 내는 개인 내부에 존재하는 심리·신체적 체계의 역동적 조직으로 보았고, Pervin & John(1999)은 한 개인이 감정을 느끼고 사고하고 행동할 때 나타나는 일관성 있는 패턴을 설명할 수 있는 개인의 특성들이라고 정의하였다. 이러한 성격의 정의를 보면 성격은 나를 나타내는 특징 중에 하나라고 볼 수 있다. 흔히 우리에게 자신의 성격을 말하라고 하면 긍정적인 성격은 사교적인, 개방적인, 말이 많은, 반응적인, 태평한, 생기있는, 걱정 없는, 주도적인, 평온한, 온건한, 일관성 있는, 평화로운, 사려 깊은, 주의 깊은, 낙관적인 등이라 할 수 있고, 부정적 성격은 까다로운, 공격적인, 흥분된, 변덕스러운, 충동적인, 우울한, 불안한, 경직된, 맑은 정신의, 비관적인, 유보적인, 비사고적인 등을 들 수 있다

(Eysenck, 1967).

우리는 얼마나 나 자신과 타인의 성격을 이해하고 있을까? 이러한 질문을 받으면 우리는 어떤 대답을 할 수 있는가? 만약 여러분에게 누군가 친구의 성격에 대해 묻는다. "철수야, 네 친구 영희의 성격은 어떠니?" 이 질문에 가장 흔한 대답은 "영희는 성격 (안)좋지."라는 대답이다. "왜 (안)좋니?"라고 물으면 "왜냐면 물건을 잘 빌려주니까.", "욕을 잘하니까." 등의 행동을 기초로한 대답을 주로 한다. 이처럼 성격에 대해 물을 때 그 사람에 대한 나의 판단을 이야기한 후 그 판단을 지지할 수 있는 행동을 이야기하는 것이 그 사람의 성격을 이해한다고 할 수 있을까? 성격은 이러한 판단과 행동이 아니라 앞서 Eysenck가 나열한 다양한 성격의 표현들인 것이다.

"그러면 나는 내 성격을 잘 알고 있을까?"라는 질문에 아쉽게도 "네."라는 대답은 쉽게 나오지 못할 가능성이 크다. 그 예로 "당신은 어떤 사람인가?"에 라는 질문에 20개의 답을 해야 한다면 당신은 어떤 답을 쓸 것인가? 이 질문은 뒤에 활동을 통해 함께 해 보도록 하자(김경일, 2011).

성격은 그 사람을 특성 짓는 한 요소이기 때문에 자신의 성격을 잘 아는 것이 자기에 대한 이해가 높은 것이라고 볼 수 있다. 그리고 자신의 성격 중 누구나 강점은 있다.

(2) 신체/외모

최근 사람들은 외모에 대한 관심이 많다. 그래서 얼짱, 몸짱 등의 말이 이제는 흔히 쓰이는 말이 되었다. 박태준 작가의 웹툰 〈외모지상주의〉의 설명을 보면 "못생기고 뚱뚱하다고 괴롭힘을 당하며 루저 인생만 살아온 내가 잘 생겨졌다는 이유로 인싸가 됐다. 어느 날 자고 일어났더니 갑자기 완벽한 외모와 몸을 지닌 사람이 되어 깨어난다면?"이라고 소개하고 있다. 이렇듯 현대사회에서는 외모가 그 사람의 가치를 나타낸다고도 볼 수 있다. 허환형(2017)의 연구를 보면 사회로부터 다양한 경험을 하여 만들어진 외모만족도는 자기를 형성하고 표현하는 중요한 역할이라고 하였다. 그러나 외모는 사회문화적 기준에 의해 영향을 받게 되며 자신이 원치 않는 경우에도 자기 자신을 평가하거나 타인을 평가하기도 한다. 이러한 평가는 자신을 변화시키고 발전시키기도 하지만 타인에게 특정 이미지와 비교를 강요당하거나 타인보다 아름답게 보이기 위한 행동의 원인이 되기도 한다(이민지 외, 2011). 그리고 앞서 이야기했듯이 아름다움의 기준이 사회문화적인 기준에 따라 달라지기 때문에 외모에 대한 절대적인 기준은 없다고 할 수 있다. 외모나 신체는 지역이나 시대에 따라 그 기준이 다르다. 아프리카에서는 목이 길어야 미인이었고, 과거 중국에서는 발이 작아야 미인이었다. 과거 페르시아에서는 아담하고 통통한 몸매가 미의 기준이었다. 이렇듯 아름다움의 기준은 지역이나 시대에 따라 달라지고 있다. 그러면 나는 나의 신체/외모에 대해 어찌 생각하고 있는가? 세상의 기준대로 살 것인가? 아니면 자신만의 매력을 찾아 살 것인가? 그것은 여러분의 선택이다.

(3) 적성과 흥미

나에 대해 이해하는 것에는 다양한 방법들이 있지만 나의 적성과 흥미를 아는 것도 나에 대한 이해에 도움이 된다. 적성이라는 것은 구체적인 그 사람의 특별한 능력을 나타내기 때문에 일반적이고 포괄적인 능력은 아니다. 그렇기 때문에 다양한 성격검사를 통해 그 사람과 적합한 직업이나 구체적인 과업 그리고 일에 대한 성공 가능성을 찾아볼 수 있다. 즉, 적성은 그 사람이 잘하는 것이라고 할 수 있다. 적성은 태어나면서부터 가지고 있는 기질과 성격 그리고

자라오면서 받는 환경적인 영향이나 경험 등을 통해 생겨난다. 적성에 적합한 일을 한다면 쉽게 배우고 잘 활용하여 남들보다 더 그 일을 잘 할 수 있을 것이다(송원영 · 김지영, 2016). 흥미는 자신이 좋아하는 일을 말한다. 흥미는 좋아하는 일이라는 일상적인 용어로 사용될 뿐만 아니라 다양한 영역에서 포괄적인 개념으로 사용되어왔다. 긍정적인 정서(즐거움)인 감정의 하나로 사용되기도 하고, 개인의 선호도나 태도, 가치 같은 동기적인 신념으로 사용되기도 하며 호기심 같은 기질적인 요인으로 사용되기도 한다. 이러한 다양한 관점에서 사용되는 흥미를 연구자들은 크게 정서로 보는 관점과 인지+정서로 보는 관점으로 나눈다(Ainley & Ainley, 2011). 흥미를 정서로 보는 관점에서는 흥미를 학습과 관련한 정서적인 반응으로 보고 있으며, 정서심리학에서 흥미는 두려움, 화, 행복과 같은 기본적 정서 중에 하나로 얼굴과 목소리 표현, 주관적인 경험과 함께 나타난다고 하였다(Silvia, 2006). 또 다른 관점으로 흥미를 인지+정서로 보는 관점이 있는데, 여기서 흥미는 개인과 환경의 상호작용으로 생기는 동기적인 개념이라고 하였고, 흥미를 상황적 흥미와 개인적 흥미로 구분하였다. 상황적 흥미는 환경이나 자극에 따라 즉각 발생하는 상태로 비교적 여러 사람에게 나타나는 경향이 있는 반면, 개인적 흥미는 특정 과제나 주제에 대해 그 사람이 가지는 지속적이고 안정적인 관심으로 개인차가 많다는 특징이 있다(Hidi & Renninger, 2006).

간단히 말하면 적성은 잘하는 것, 흥미는 좋아하는 것이라고 할 수 있는데, 자신이 잘하는 것과 좋아하는 것이 일치한다면 가장 좋지만 그렇지 않은 경우가 많다. 그래도 내가 잘하는 것과 좋아하는 것이 무엇인지를 아는 것은 나를 이해하는 데 많은 도움이 된다.

(4) 가치관

가치관의 정의를 표준국어대사전에서 보면 "가치에 대한 관점. 인간이 자기를 포함한 세계가 그 속의 사상에 대하여 가지는 평가의 근본적 태도"라고 말한다. 가치관이란 사람들로 하여금 어떤 행동을 일으키게 하는 심리적 요인으로서, 개인의 행동을 구속하는 평가적 표준이나 이념 내지 신념이다. 가치관은 가치가 적용되는 범위보다 훨씬 넓으며 더 일반적인 행동장면을 포함한다. 가치관은 행동의 방향을 결정해주고 나아가 만족감이나 행복-불행의 펀딘에까지 크세 관계되기 때문에 개인적으로 중요하지만 사회적으로도 공동의식을 형성하는 데 중요한 요인이 된다.

인간은 태어나면서 부모와 가족들의 상호작용으로 사회화가 시작되어 청소년기를 거치면서 사회의 일반적 규범과 가치가 무엇인가를 알게 되고 자기 스스로 바람직한 규범이나 가치를 내면화시킴으로써 가치관을 완성시킨다(이삼식, 2006). 가치관은 굉장히 다양하지만 여기서는 간략하게 6종류 정도 살펴보고자 한다. 첫 번째는 "지식 성취"가 있는데, 이 가치관은 달성하기 어렵거나 발견하기 어려운 명제나 현상을 가지고 계속적인 연구와 탐구로 결과물을 내는 것이라고 할 수 있다. 대부분 연구계통의 일을 좋아한다. 두 번째는 "봉사"가 있는데, 봉사는 나 자신의 이익보다는 다른 사람이나 사회의 이익을 고려하여 어려움이 있는 사람들을 돕고 봉사하는 데 가치를 두는 일이다. 세 번째는 "안정성"이 있다. 이러한 가치관을 가진 사람은 변화보다는 안정을 추구하기 때문에 새로운 것을 배우기보다는 기존에 자신에게 익숙한 것을 꾸준히 하는 것을 선호한다. 네 번째는 "변화 및 탐험"이다. 변화 및 탐험은 반복적이고 정형화된 것보다는 새롭고, 독특하고, 도전할 수 있는 것을 선호한다. 다섯 번째는 "영향력"으로, 다른 사람에게 영향을 끼치는 것을 매우 중요시 여기기 때문에 그룹의 리더가 되거나 판단을 할 수 있는 것을 좋아한다. 마지막으로 여섯 번째는

"보상"인데 대부분 돈과 관련이 있다. 돈을 많이 벌어 자신이 하고 싶은 일들을 어려움 없이 하고 싶어하는 가치관이다(박동혁, 2010). 이 외에도 다양한 가치관이 존재하지만 중요한 것은 내가 어떤 가치관을 가지고 있고 그것을 이루기 위해 어떤 노력을 하고 있느냐는 것이다.

(5) 성격, 적성, 흥미, 가치관과의 관계

흥미와 성격은 비슷한 면이 있지만 약간의 차이가 있다. 흥미는 그 사람의 선호로 좋아하거나 또는 싫어하는 활동을 의미하고 성격은 그 사람의 일반적인 행동경향(개인이 생각하고 느끼고 행동하는 성향)을 나타낸다. 일반적으로 사람은 자신이 좋아하는 행동을 하는 경향이 있기 때문에 사람의 흥미와 성격은 서로 관련이 있다고 볼 수 있으며, 그 사람의 행동 경향이 자신이 좋아하는 것과 일치할 때 흥미와 성격 간의 관계가 극대화될 수 있을 것이다(Barrick, Mount, & Gupta, 2003).

적성(능력)은 성격과 흥미의 영향을 받는데 자신이 흥미있어 하는 것을 열심히 하다 보면 어느 순간 잘 하게 되는 경우가 많다(Ackerman, 1996). 흥미와 적성이 직업선택에 어떤 영향을 미치는지를 살펴본 Tracey와 Hopkins(2001)의 연구를 살펴보면 흥미는 직업선택에 27%를 설명하였고, 적성은 19%를 설명하였다. 그리고 전체 설명량은 31%로 흥미와 적성이 서로 연관이 많음을 나타냈다.

가치(관)는 어떤 방식이 자신에게 좀 더 바람직한지에 대해 장기적으로 지속되는 믿음이라고 볼 수 있다(Nevill & Kruse, 1996). Super(1995)는 흥미와 가치(관)를 욕구(needs)와 연계시켜 차이점에 관해 논의한 바 있다. Super는 욕구를 배고픔과 같이 결핍으로 생겨난 것으로 생존과 관련된 것으로 개념화하였고,

가치(관)는 환경과의 상호작용을 통해 이러한 욕구를 정교화한 것으로 생각하였다. 흥미는 개인이 자신의 가치를 추구 또는 달성하고, 그래서 욕구를 충족시키기 위해 행하는 활동이고, 가치(관)는 흥미보다는 좀 더 일반적인 것으로 볼 수 있다. 이와 같이 성격, 외모, 적성, 흥미, 가치관은 비슷한 부분도 있지만 약간의 차이도 있다. 하지만 성격, 외모, 적성, 흥미, 가치관이 "나"라는 사람을 이해하는 데 분명 필요한 부분이고, 내가 앞으로 살아가는 데 있어서도 매우 중요한 부분을 차지한다는 것은 분명한 사실이다.

나에게 적용하기

1. 당신은 어떤 사람인가요? 밑에 나온 나는____________를 생각나는 대로 채워보세요.

나는 ____

나는 ____

나는 ____

나는 ____

2. 이번에는 나는 ____________를 나를 표현하는 이미지나 형용사로 채워보세요.

나는 ____

나는 ____

나는 ____

나는 ____

3. 이번에는 나는 ______________를 나를 표현하는 행동이나 활동으로 채워보세요.

나는 ____

나는 ____

나는 ____

나는 ____

4. 앞서 1)~3)에서 했던 활동에 대한 소감을 써보세요.

생각나는 대로 썼던 1)번과 이미지나 형용사로 쓴 2), 행동이나 활동으로 쓴 3)의 내용이 비슷한가요? 아니면 다른가요?

드러난 객관적인 사실 "나는 ○○고등학교를 졸업했다.", "나는 1남 1녀의 둘째이다.", "나는 ○○대학교의 ○○학과를 다닌다."가 아닌 2), 3)과 같은 개인으로서의 "나"에 초점을 맞춰보는 것이 중요합니다. 이러한 "나 자신"에 대해 잘 아는 것이 행복한 삶을 사는 데 매우 중요한 부분이기 때문입니다.

5. 내가 생각하는 내 얼굴을 그려보세요. 내가 직접 그림을 그리지 말고 그림을 잘 그리는 친구나 지인에게 자신의 얼굴을 스스로 설명하여 초상화를 그려봅니다.

6. 5)에서 그림을 그려준 친구나 지인에게 이번에는 내가 설명하는 것이 아닌 다른 사람이 나를 설명하여 초상화를 그려봅시다.

7. 두 그림 사이에 차이가 있나요? 있다면 왜 그런 차이가 나타났을까요? 다음 소개하는 유튜브 동영상을 보고 드는 생각이나 느낌을 적어보세요. https://www.youtube.com/watch?v=PKpm9qq_nUM

▸

▸

▸

8. 지금까지 해 봤던 일들 중에서 내가 잘했던 일이나 잘 할 수 있다고 생각되는 일은 무엇인가요? 아주 작은 사소한 일이라도 상관없습니다.

▸

▸

▸

9. 지금까지 시간 가는 줄 모르고 신나게 몰두하며 즐겁게 지내본 경험이 나 활동이 있었나요?

▶

▶

▶

10. 지금까지의 활동으로 인해 알게 된 "나"에 대해 정리해 보세요.

▸

▸

▸

〈참고〉 성격, 흥미, 적성 등은 워크넷 www.work.go.kr에서 무료로 검사할 수 있습니다.

워크넷 홈페이지에 방문하여 직업·진로를 클릭해서 성인용 심리검사를 클릭하면 다음과 같은 다양한(성격, 흥미, 가치관 등) 심리검사를 실시할 수 있습니다.

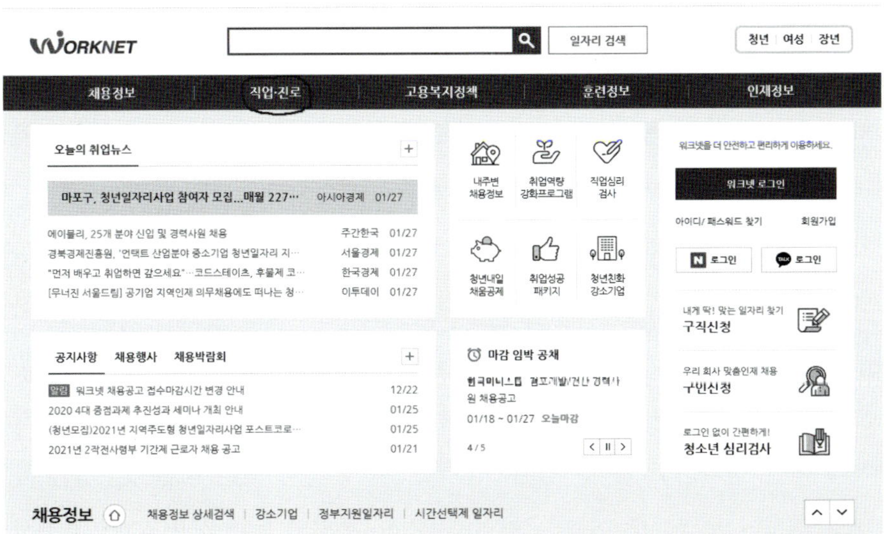

심리검사명	검사시간	실시가능	검사안내	결과예시	검사실시
직업선호도검사 S형	25분	인터넷, 지필	안내	예시보기	검사실시
직업선호도검사 L형	60분	인터넷, 지필	안내	예시보기	검사실시
구직준비도검사	20분	인터넷, 지필	안내	예시보기	검사실시
창업적성검사	20분	인터넷, 지필	안내	예시보기	검사실시
직업가치관검사	20분	인터넷, 지필	안내	예시보기	검사실시
영업직무 기본역량검사	50분	인터넷, 지필	안내	예시보기	검사실시
IT직무 기본역량검사	95분	인터넷, 지필	안내	예시보기	검사실시
준고령자 직업선호도검사	20분	인터넷	안내	예시보기	검사실시
대학생 진로준비도검사	20분	인터넷, 지필	안내	예시보기	검사실시
이주민 취업준비도 검사	60분	인터넷	안내	예시보기	검사실시
중장년 직업역량검사	25분	인터넷	안내	예시보기	검사실시
성인용 직업적성검사	80분	인터넷, 지필	안내	예시보기	검사실시

3) 자존감

자존감은 흔히 자아존중감(self-esteem)이라고 부르는데 앞서 이야기한 자기에 대한 설명이나 영어의 해석을 보더라도 자아존중감보다는 자기존중감이 더 정확한 표현이라고 할 수 있다. 다만, 아직 자아와 자기의 차이가 학자들 마다 다르고 자아존중감이 보편적으로 쓰여지고 있기 때문에 자기존중감을 사용하기에는 혼란의 여지가 있어 여기서는 자존감이라는 용어를 사용하기로 하였다. 자존감은 자기 자신을 존중하고 사랑하는 마음이며 다른 말로는 긍정적인 자기 능력에 대한 평가라고 할 수 있다. 즉, 스스로가 가치 있는 사람임을 인식하고 인생의 역경이 오더라도 이를 이겨낼 수 있는 자신의 능력을 믿고 자기 자신의 노력에 따라 삶에서 성취를 할 수 있다는 자기 확신이다. 자존감은 자기자신을 느끼는 방식으로 외부 환경과 상호작용하면서 발달에 영향을 미치기 때문에 중요한 심리구성개념이며, 긍정적 정서 상태를 유지하는 자기 구조 유지의 핵심이다. 그러므로 자존감은 인격 형성의 중심이고 행복의 근원이라 할 수 있다(전수경, 2019).

성격에 관한 특성이론을 언급한 Allport(1961)의 자아개념 발달에 따르면 자존감은 다음과 같이 형성되는데 첫째, 자기 자신과 다른 사람을 구분하게 되는 생후 15개월경부터 신체적 자아가 형성된다. 둘째, 자기의 이름이 불리기 시작하면서 자아 정체감이 형성되기 시작한다. 셋째, 그 후 자존감은 2세 때부터 점차 나타나게 되는데, 이러한 현상으로 주변 환경에 대한 탐색 욕구가 향상된다. 특히 이 시기는 자존감이 손상되기 쉬운 결정기인데 자신의 욕구를 좌절시키는 부모나 교사에 의해 자존감이 손상된다고 하였다. 넷째, 4세경 자기 자신 소유에 대한 인식이 생기고 소유에 대한 욕구를 통해 자아확대가 이루어진다. 다섯째, 자기에 대한 개념이 부모와 상호작용을 통하여 발달하게 되면서 부모의 언어적·비언어적 반응과 행동에 많은 영향을 받는다. 따라서 부모와의 상호작용을 통해 자기개념이 발달되기 때문에 자기개념을 기본으로 하는 자존감 역시 부모와의 관계에 영향을 받을 수밖에 없다. 그리고 이러한 영향은 성인 시기까지 이어지고 있다고 볼 수 있다. 이렇듯 부모와의 관계가 자존감 형성에 중요한 영향을 미치는 것은 사실이지만, 나라는 사람이 성장하면서 받은 많은 성공과 실패의 경험 그리고 다른 사람으로부터 받는 수용과 존중의 경험 및 사회적인 지위와 객관적인 인식이 자존감의 향상이나 저하를 가져온다(Coopersmith, 1967). 자존감은 생애 초기에 형성되며 부모의 영향이 크지만 성장하면서 어떤 사람들과 어떤 관계를 맺고 어떤 평가를 받고 그것을 자기 자신이 어찌 받아들이는가가 자존감에 많은 영향을 준다는 것이다.

자존감이 높은 사람은 일상생활에서 잘 적응하고, 자존감이 낮은 사람은 일상생활에서 많은 어려움을 겪는다는 사실은 많은 연구들을 통해서 확인되었다. 다양한 연구들의 결과를 보면 자존감이 높은 사람들은 주관적 안녕감과 삶의 만족도가 높고, 신체적인 건강 문제가 적으며, 심리적 고통을 덜 겪고, 쉽게 포기하지 않아 성공 가능성이 높았고, 건강한 대인관계를 맺고 사회에 잘 적응하는 모습이 나타났다.

반면 자존감이 낮은 사람들은 높은 자존감을 가진 사람들보다 우울한 기분을 더 많이 경험하고, 일을 실패하였을 때 더 많은 심리적 고통과 절망감을 경험하며, 행복감을 더 적게 보고하였으며, 기분이 불안정적이고, 더 쉽게 짜증과 화를 냈다(이지혜·서수균, 2020).

이렇듯 자존감은 우리의 삶에 많은 부분에 영향을 미치고 있고 나의 자존감에 대해 인식하고 긍정적인 자존감을 갖는 것은 우리의 삶의 질을 높일 수 있게 한다.

나에게 적용하기

다음은 자존감과 관련된 질문입니다. 자신과 가장 가까운 부분에 체크하세요.

문항	매우 그렇지 않다	약간 그렇지 않다	보통이다	약간 그렇다	매우 그렇다
1. 나는 내 능력에 대해 자신이 있다고 느낀다.					
2. 나는 내가 성공한 이로 여겨질지, 실패한 이로 여겨질지 걱정이 된다.					
3. 나는 지금 내 몸매가 만족스럽다고 느낀다.					
4. 나는 내 수행에 대해 좌절스럽거나 당황스럽게 느낀다.					
5. 나는 내가 읽은 것을 이해하는 데 어려움이 있다고 느낀다.					
6. 나는 다른 이들이 나를 존경하거나 존중한다고 느낀다.					
7. 나는 내 체중이 불만족스럽다.					
8. 나는 남의 시선을 의식한다.					
9. 나는 다른 이들만큼 영리하다고 느낀다.					
10. 나는 나 자신이 못마땅하다고 느낀다.					
11. 나는 나 자신에 대해 좋다고 느낀다.					
12. 나는 지금 내 외모에 흡족해 한다.					
13. 나는 다른 사람들이 나를 어떻게 생각하는지에 대해 걱정한다.					
14. 나는 일들을 이해하는 데 자신감을 느낀다.					
15. 나는 지금 이 순간 다른 사람들에 비해 열등하다고 느낀다.					
16. 나는 매력이 없다고 느낀다.					
17. 나는 내 인상에 대해 염려한다.					
18. 나는 지금 이 순간, 다른 이들보다 학업능력이 부족하다고 느낀다.					
19. 나는 내가 일을 잘 하고 있지 않는 것 같다고 느낀다.					
20. 나는 바보같이 보일까봐 걱정한다.					

자존감 점수를 계산해 봅시다. (역)이라고 쓰인 번호는 역문항입니다.

(역: 5→1, 4→2, 3→3, 2→4, 1→5 로 점수를 바꿔주세요)

항목	번호	합
수행에 관한 자존감	1+4(역)+5(역)+9+14+18(역)+19(역)	____/35
사회상황에 관한 자존감	2+8(역)+10(역)+13(역)+15(역)+17(역)+20(역)	____/35
외모에 관한 자존감	3+6+7+11+12+16(역)	____/30
전체 자존감	1+2(역)+3+4(역)+5(역)+6+7(역)+8(역)+9+10(역)+11+12+13(역)+14+15(역)+16(역)+17(역)+18(역)+19(역)+20(역)	____/100

점수가 높을수록 자존감이 높다는 것입니다. 전체 자존감 점수 및 각 항목별 자존감 점수를 비교해 보세요(박홍석·이정미, 2015).

CHAPTER

03

성격강점과 긍정적 성품

1. VIA 분류체계의 발전

심리학이 태동한 이래 학자들은 인간의 다양한 특질에 대하여 연구해 왔다. 하지만, 인간의 긍정적 특질에 대한 연구는 긍정심리학이 태동하기 이전에는 주요 심리학 영역에서 배제되어 왔다고 볼 수 있을 것이다.

Peterson과 Seligman을 비롯한 여러 긍정심리학자들은 인간이 가지는 긍정적인 특질에 대해서 연구해 왔으며, 인간의 강점과 덕성에 대한 탐구를 지속해 왔다. 이러한 노력들을 바탕으로 비교적 최근 인간의 심리적 강점과 덕성을 분류하기 위한 VIA(Values in Action) 분류체계가 탄생하게 되었다(권석만, 2008).

인간의 강점을 분류하고자 하는 노력은 1999년 Donald Clifton에 의해 시작되었으며, Peterson과 Seligman이 Mayerson 재단의 후원을 받아 2000년에 VIA 연구소를 설립하면서 가속화되었다.

VIA 분류체계는 Peterson과 Seligman 등을 비롯한 연구자들이 세계의 주요 종교 및 철학에서 이야기하는 공통적인 덕목에 대하여 조사하는 과정을 통해 개발되었다. 이 과정에서 연구자들은 200여 가지의 덕목들을 찾아내었으며, 이를 10가지 기준에 근거하여 분류 선별하였다. 그 결과 최종적으로 6개의 덕목과 24개의 성격강점으로 구성된 VIA 분류체계(Values-in-Action Classification of Character Strengths and Virtues)가 개발되었다.

1) VIA 분류체계 - 10가지의 기준

VIA 프로젝트에 참여한 연구자들은, 인간의 긍정적인 특질을 보다 효과적으로 분류할 수 있는 분류체계를 만들기 위해서 다음과 같은 10가지의 기준에 따라 성격강점들을 검토하였다.

표 3-1 **성격강점에 대한 분류 기준(권석만, 2008)**

기준	내용
① 보편성	이 강점이 대다수 문화권에서 긍정적인 덕목으로 여겨지는가?
② 행복 공헌도	이 강점은 다양한 긍정적 행동과 성취를 촉진하고, 이를 통해 소유자와 다른 사람의 행복에 기여하는가?
③ 도덕성	이 강점은 그 자체로 도덕적인 가치를 가지는가?
④ 타인에의 영향	이 강점이 한 개인에 의해 표현될 경우, 다른 사람들에게 부정적 영향을 미치지는 않는가?
⑤ 반대말의 부정성	이 강점의 반대말은 확실히 부정적인 것으로 간주되고 있는가?
⑥ 측정가능성	이 강점은 측정될 수 있는 것인가? (측정될 수 있도록 개인의 행동/생각/감정으로 표출되는 것인가.) 또한, 상황과 시간의 변화에 대하여 안정성을 가지는가?
⑦ 특수성	이 강점은 다른 강점들과 잘 구별되는가? 다른 강점들로 분해될 수 있지는 않은가?
⑧ 모범의 존재	이 강점은 모범적 인물에 의해서 구체화될 수 있는가?
⑨ 결핍자의 존재	이 강점이 현저하게 부족한 사람들이 존재하는가?
⑩ 풍습과 제도	사회가 이 강점을 육성하기 위한 풍습이나 제도를 지니고 있는가?

VIA 분류체계는 이러한 기준을 잘 충족시키는 6개의 핵심덕목인 '지혜와 지식', '용기', '사랑과 인간애', '정의감', '절제력', '영성과 초월성'으로 구성되어 있으며, 각각의 핵심덕목별로 3~5개의 하위 성격강점을 포함하고 있다.

2) 대표강점의 이해

(1) 대표강점에 대한 이해

긍정심리학에서 이야기하는 행복의 개념은 개인이 가지는 성격강점과 연관이 많은 것으로 알려져 있다.

Peterson과 Seligman(2004)에 따르면, 개인이 자신의 강점을 발휘하고, 이를 통해 행복을 얻을 때 참된 삶을 누릴 수 있는 것으로 나타난다. 이는 우리가 자신의 성격강점을 알고 발전시키는 것을 통해 보다 행복한 삶을 영위할 수 있다는 것을 의미한다.

성격강점 중에서 한 개인의 특성을 가장 잘 반영해 주는 강점을 '대표강점(Signature Strength)'이라고 한다. Seligman(2004)에 따르면, 인간은 누구나 2~5가지의 대표강점을 지니고 있으며, 자신의 대표강점을 알고 이해하는 것은 개인의 행복한 삶을 증진시키는 데 있어 중요한 역할을 할 수 있다.

이러한 대표강점은 다음과 같은 10가지 특징을 지니는 것으로 알려져 있다(Peterson & Seligman, 2004).

- 강점을 발휘할 때, 이것이 자신의 진정한 본연의 모습이라는 느낌을 준다. ("이게 바로 나야")
- 강점을 발휘할 때 유쾌한 흥분감을 느낀다. (특히 처음 발휘할 때)
- 강점과 관련된 것을 연습하거나 배울 때 보다 빠른 학습속도가 나타난다.
- 강점을 발휘할 수 있는 방법을 지속적으로 찾게 된다.
- 강점과 일치하는 방향으로 행동하고자 하는 열망을 느낀다.
- 강점의 표현을 멈추거나 억제하기 힘든 느낌, 강점을 사용할 수밖에 없다는 느낌을 느낀다.

- 강점을 발휘할 때, 마치 숨겨져 있던 자기 자신의 능력이 발현되어 나타나는 것처럼 느껴진다.
- 그러한 강점을 활용할 때 소진되지 않고 오히려 의욕과 활기가 넘치게 된다.
- 강점과 관련된 중요한 일을 만들고 추구하게 된다.
- 강점들을 사용하고 싶은 내적인 동기를 가진다.

Seligman(2004)과 Peterson(2006)은 자신의 대표강점을 찾아내고, 이를 잘 활용하는 것에 대한 중요성을 이야기한다. 이는 자기 자신이 가지는 대표강점을 일상생활 속에서 다양하게 활용해 보는 것을 통해 실천할 수 있으며, 이러한 실천이 개인의 행복을 증진시키는 데 효과적인 것으로 알려져 있는 만큼(Seligman et al., 2005) 자기 자신의 대표강점을 이해하고 계발하는 것은 우리의 삶을 보다 풍요롭게 해 줄 수 있을 것이다.

(2) 여러 성격강점들을 동시에 지닐 수 있을까?

개인들은 여러 성격강점들을 동시에 지닐 수 있을까? 그리고 각 성격강점 간의 관계는 어떠한가? 이와 같은 질문에 답을 찾기 위해서는 성격강점들에 대한 원형모델을 이해하는 것이 필요하다(Peterson, 2006). 이를 간략히 소개하면 다음과 같다.

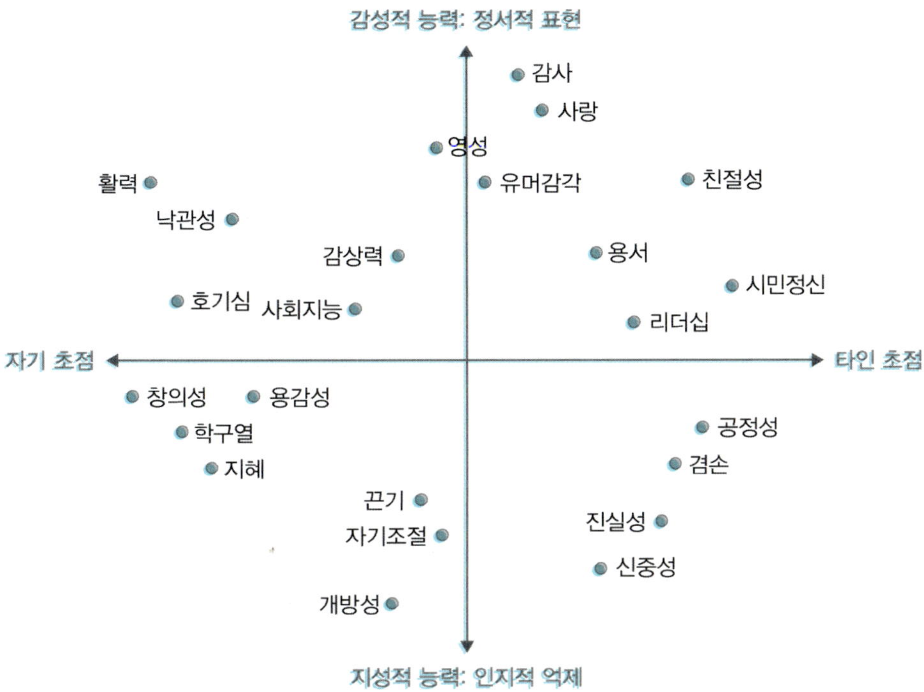

그림 3-1 **성격강점들에 대한 원형모델(Peterson, 2006, 권석만, 2008 재인용)**

그림 3-1에서 보는 바와 같이 원형모델(circumplex model)에서는 먼저 '타인 초점과 자기 초점'이라는 기준, 그리고 '감성적 능력과 지성적 능력'의 기준에 따라 각각 24가지 성격강점을 배열하고 있다. 이 성격강점들에 대한 원형모델에서는 여러 강점들을 유사성과 상충성을 고려하여 그림 3-1과 같이 배열하고 있다. 즉, 서로 가까이 있는 강점들은 함께 지닐 수 있지만, 서로 거리가 멀리 떨어져 있는 강점들은 함께 지닐 수 있는 가능성이 낮아진다고 설명한다(권석만, 2008). 예를 들어, 학구열과 지혜의 강점을 함께 지니는 것은 가능하지만, 신중성과 활력의 강점을 함께 지닐 수 있는 가능성은 낮을 수 있다는 것이다.

(3) 대표강점의 측정: 성격강점 검사 실시

VIA 성격강점 검사를 통해 자신의 성격강점, 대표강점을 직접 확인해 보도록 한다. 본 검사는 온라인(www.viacharacter.org)을 통해 받을 수 있으므로 다음의 설명을 따라 각자 성격강점 검사를 받아본다면 객관적인 자기이해, 자신만의 성격감점을 확인하는 의미있는 시간이 될 것이다.

VIA 성격강점 검사

VIA 성격강점 검사를 해 볼 수 있는 사이트 소개
(www.viacharacter.org)

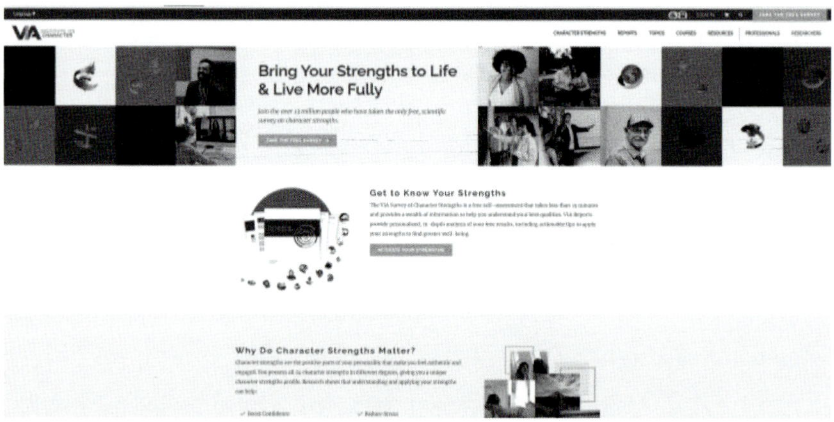

Viacharacter.org 에서는 자신의 성격강점을 알아볼 수 있는
VIA 성격강점 검사를 무료로 진행할 수 있다.

그림 3-2 VIA 성격강점 검사 소개

다음 절에서는 VIA 분류체계에서 제시하는 6개의 덕목과 24개의 성격강점에 대한 소개와 함께, 이를 촉진시킬 수 있는 방법을 제시하고 있다. 이를 참조하여 자신의 대표강점을 이해하고, 보다 다양하게 활용할 수 있는 길을 찾을 수 있을 것이다.

2. 24가지의 성격강점과 긍정적 성품

자신의 성격강점을 잘 이해하고 개발하는 것을 통해 일상생활에서 자신의 강점을 잘 발휘할 수 있다면 우리는 보다 만족스러운 삶을 살아갈 수 있을 것이다. 이를 위해서는 우선 나 자신의 성격강점이 무엇인지 확인하고, 각각의 미덕과 성격강점의 특성과 촉진방법을 아는 것이 중요하다(Peterson & Seligman, 2004).

지금부터 우리는 6가지의 미덕인 '지혜와 지식', '용기', '사랑과 인간애', '정의감', '절제력', '영성과 초월성'에 대해서 알아보면서, 각각의 덕목 안에 포함된 성격강점들을 살펴볼 것이다.

'지혜와 지식'의 미덕과 관련된 성격강점은 '창의성', '호기심', '개방성 구열', '학구열', '예견력'이 있다. '용기'와 관련된 강점에는 '용감성', '끈기', '정직', '열정'이 포함되어 있다. '사랑과 인간애'에 관한 강점은 '사랑', '친절', '사회성'이 있으며, '정의감'과 관련된 강점으로는 '시민의식', '공정성', '지도력'이 포함되어 있다. '절제력'과 관련된 강점은 '용서', '겸손', '신중성', '자기통제력'이 있으며, '영성과 초월성'과 관련된 강점은 '감상력', '감사', '희망', '유머', '영성'이 있다(Peterson & Seligman, 2004).

6가지 미덕과 24가지 강점들을 이해하는 것은 우리가 더욱 깊은 자기이해를 얻고, 만족스러운 삶을 살아갈 수 있도록 도와줄 것이다.

표 3-2 6가지 미덕과 24가지 대표강점

지혜와 지식	용기	사랑과 인간애	정의감	절제력	영성과 초월성
(1) 창의성 (2) 호기심 (3) 개방성 (4) 학구열 (5) 예견력	(1) 용감성 (2) 끈기 (3) 정직성 (4) 열정	(1) 사랑 (2) 친절 (3) 사회성	(1) 시민의식 (2) 공정성 (3) 지도력	(1) 용서 (2) 겸손 (3) 신중성 (4) 자기통제력	(1) 감상력(심미안) (2) 감사 (3) 낙관성(희망) (4) 유머 (5) 영성

1) 지혜(Wisdom)와 지식(Knowledge)

VIA 분류체계에서 제시하는 첫 번째 미덕인 '지혜와 지식'은 더 나은 삶을 살아가기 위해서 지식을 습득하고 활용하는 것과 관련된 인지적인 강점들을 포함하는 미덕이며, 지혜로운 판단을 하고 지적인 성취를 도울 수 있는 것으로 알려진 성격강점들이 포함되어 있다.

(1) 창의성(Creativity)

① 이론적 정의

창의성은 독창적이고 적응적인 생각과 행동을 만드는 개인의 특성을 의미한다. 창의적인 사람은 독창적인 생각과 적응적이고 생산적인 행동방식을 나타낸다.

창의성은 개인에 따라 다양한 양식으로 나타나지만, 크게 나누어 볼 때 '일상적 창의성'과 '위대한 창의성'으로 구분할 수 있다. '일상적 창의성'은 개인이 일상생활에서 마주하게 되는 문제들을 독창적으로 해결해 가는 능력을 의미하며, '위대한 창의성'은 광범위한 범위에 영향을 미치는 창의성으로, 뛰어난 과학자나 예술가 등이 나타내는 독창성을 의미한다(예를 들어, 미켈란젤로, 에디슨, 아인슈타인 등)(Peterson & Seligman, 2004).

② 심리적 특성

창의성의 강점을 크게 발휘한 것으로 알려진 사람들이 뛰어난 과학자나 예술가와 같은 사람들이 많은 것은 사실이지만, 창의성은 꼭 뛰어난 지능이나 예술적인 재능을 의미하는 것은 아니다. 분명, 창의성은 '천재성'과 연관성을 가지고 있지만, 일상생활에서 마주하게 되는 다양한 문제들을 독창적이고 효과적으로 해결해 나가는 능력도 분명 창의성이다. 과거에는 창의성이 신의 영향에서 비롯한다고 여겨지기도 했지만, 현대에 들어서는 여러 심리학자들의 노력으로 창의성에 대한 개인 내적 특성들(성격특성, 동기 수준, 흥미, 가치관 등)에 대한 연구가 활발하게 이루어지고 있다(Peterson & Seligman, 2004).

Peterson과 Seligman(2004)은 이 성격강점의 특성에 대하여 소개하면서, 창의성과 관련한 심리적 특성에 대한 연구들은 다음과 같은 결과를 일관적으로 제시하고 있다고 설명하고 있다.

첫 번째는, 창의적인 사람들이 항상 높은 지능을 지니는 것은 아니며, 높은 지능이 높은 창의성으로 연결되는 것도 아니라는 점이다. 이는 지능이 창의성의 필요충분조건이 아니라는 점을 보여주지만, 그렇다고 하더라도 창의성과 지능이 서로 관계가 없는 것이라고 볼 수는 없다. 창의성이 높은 사람들은 최소한 평균 이상의 지능을 보이는 것으로 나타나며, 지능 수준이 현저하게 낮은 경우 창의성을 보이기 어려운 것으로 알려져 있기 때문이다.

두 번째로, 창의성이 개인 내적인 성격특성과 더 밀접한 관련성을 가진다는 것이다. 창의성은 지능보다도 성격특성과 더 높은 상관을 가지는 것으로 알려져 있으며, '경험에 대한 개방성', '사고의 유연성', '도전적 성향' 등과 관련이 있는 것으로 알려져 있다.

③ 촉진요인과 억제요인

창의성은 개인의 삶의 질에 중요한 영향을 미칠 뿐 아니라, 경우에 따라서는 지역사회나 국가, 때로는 전 세계에 이르는 광범위한 범위에 영향을 미칠 수 있는 강점인 만큼 그 중요성을 인정받고 있으며, 창의성을 촉진시키는 요인에 대한 연구들도 지속되어 왔다.

기존의 연구 결과들에 따르면, 창의성을 잘 발휘할 수 있는 환경은 개인이 자신의 생각을 두려움 없이 꺼내놓을 수 있는 환경, 즉 지지적이고 개방적인 환경이라고 알려져 있다.

반대로, 자신의 생각을 표현하기 어려운 경직된 환경이나, 위협적인 상황, 촉박한 시간제한 등과 같은 환경은 창의성을 충분히 발휘하기 어렵게 만드는 억제요인으로 작용할 수 있는 것으로 나타난다(권석만, 2008).

④ 증진방안

창의성을 증진시키기 위해서는 창의성의 발현을 촉진시킬 수 있는 환경이나 심리상태를 만들거나 유도하는 것이 효과적일 수 있다. 실제로, '지지적인 멘토'가 함께하는 경우 보다 높은 창의성을 발휘할 가능성이 높아지며, 다수의 사람들이 모여 개방적으로 자신의 의견을 꺼내놓을 수 있는 '브레인스토밍' 또한 창의성을 촉진시킬 수 있다. 또는, 일상적인 현상이나 사물에 대하여 이를 대체(Substitution), 조합(Combination), 적응(Adaptation), 수정(Modification), 용도 바꾸기(Putting to other uses), 제거(Elimination), 재배치(Rearrangement)하는 7단계 접근을 사용하는 'SCAMPER' 발견법(Eberle, 1977)을 통해 창의성을 증진시킬 수도 있다.

한편, Rashid와 Anjum(2005)는 다음과 같은 창의성 증진 방법을 제안하기도 한다.

- **창의성의 증진 방법**(권석만, 2011 재인용)

(1) 자신의 관심분야에서 매주 적어도 한 가지 이상의 독창적인 아이디어를 떠올리고 다듬어 본다.

(2) 매주 적어도 한 가지 이상의 숙제를 다양하고 창의적인 방식으로 수행해 본다.

(3) 매주 한 번은 논문이나 에세이, 시 등을 써 보거나 그림을 그려본다.

(4) 가족이나 친구 등이 경험하고 있는 문제에 대해서 창의적인 해결책을 제안해 본다.

(5) 어려운 과제를 수행할 때, 다른 사람들과 브레인스토밍을 해 본다.

(6) 자신의 집이나 방을 새롭게 꾸며본다.

(7) 남은 음식이나 재활용 재료 등을 재료로 새로운 것을 만들어 본다. (등)

(2) 호기심(Curiosity)

① 이론적 정의

호기심은 세상에 대한 관심을 의미한다. 세상에 대해서 알고자 하고, 새로운 지식과 정보, 경험을 얻고자 하는 욕구와 행동을 유발하는 심리적 성향을 뜻한다(Peterson & Seligman, 2004).

호기심에 대한 정의는 학자들에 따라 다양하게 존재하지만, 많은 학자들이 호기심을 다면적으로 정의하곤 한다. 이러한 정의에 따르면, 호기심은 활력이나 즐거움 등과 같은 긍정적인 정서, 새로운 경험에 대한 수용성, 인지적 확장, 과제에 대한 몰입, 흥미에 대한 적극적인 탐구 등의 요소로 구성된다. 이와 같은 특성을 가진 대표적인 인물들로는 콜롬버스나 헬렌 켈러를 비롯한 탐험가나 과학자들을 떠올릴 수 있다(권석만, 2011).

② 심리적 특성

호기심은 유아에게서도 관찰되며, 선천적이고 보편적인 현상으로서 여겨진다. 유아는 새로운 자극을 탐색하며, 시각적으로 정보를 수집하고, 이에 관여하려는 행동을 통해 호기심을 표출하곤 하며, 이는 인간의 발달과정에 영향을 미치게 된다. 이처럼, 호기심은 기본적으로 개인과 환경의 상호작용에 의해 촉발되는 것으로서, 개인의 심리적인 특성들과 관련이 있는 것으로 알려져 있다(Peterson & Seligman, 2004).

호기심에 대한 연구들을 살펴보면, 호기심은 양육자와의 애착관계(Sroufe, 2005)와 관련이 있으며, 어릴 때의 부모-자녀 관계가 긍정적일 때 보다 잘 발현되는 것으로 추정된다. 또한, 개인의 나이에 따른 차이도 존재하는 것으로 알려져 있는데, 나이가 많아질수록 새로움을 추구하는 성향이나 모험을 추구하는 성향이 감소하는 것으로 알려져 있다. 개인 내적인 요소 중에서는 긍정 정서, 창의성, 통제감, 적극성, 고정관념에 도전하고자 하는 성향 등과 관련이 있는 것으로 알려졌으며, 스트레스나 권태가 높을 때는 잘 발휘되지 않는 것으로 알려져 있다(Sansone & Smith, 2000).

하지만, 호기심이 언제나 긍정적인 결과만을 예견하는 것은 아닐 수 있으며, 충동성이나 폭력적인 행동, 성적 행동에 대한 선호나 분노 표현, 욕구지연의 어려움과 같은 성향과도 관련이 있는 것으로 알려져 있는 만큼 호기심에 대한 욕구를 보다 적응적인 방향으로 활용하는 것이 중요하다고 볼 수 있을 것이다(권석만, 2011).

Peterson과 Seligman(2004)에 따르면, 호기심이 높은 사람들은 다음과 같은 일상적인 활동에서도 왕성한 호기심을 드러낼 것이다.

(1) 영화를 감상하면서 그 줄거리에 더욱 몰입한다.
(2) 시간이 가는 줄 모르고 크로스워드 퍼즐을 완성한다.
(3) 갈매기가 나는 것을 보면서 호기심을 나타낸다.
(4) 라디오에서 나오는 새로운 노래에 대해 호기심을 나타낸다. (등)

③ 촉진요인과 억제요인

호기심은 다양한 요인에 의하여 촉진되거나 억제될 수 있는데, 일반적으로 알려진 바에 따르면 제시되는 자극이 새롭고 복잡하며 명확하지 않고 상충되는 경우에 촉진되는 것으로 알려져 있다. 단, 이러한 자극의 정도는 적정 수준을 넘지 않아야 하며, 적정 수준 이상의 강도를 가지는 자극은 오히려 호기심을 억제시킬 수 있다.

또한, 대상으로부터 새로운 지식을 학습할 수 있다고 지각하는 경우, 새로운 학습에 높은 가치를 부여하는 경우, 자신의 행동이 자발적이라고 믿는 경우, 외부적인 처벌이나 위협, 보상이 없는 경우에 보다 촉진되는 것으로 알려져 있다.

반대로, 개인이 혼란스럽거나 두려운 상황에 처해 있을 때나, 위기상황 속에 있는 경우(예를 들어, 전쟁, 자연재해, 가족갈등, 또래갈등 등), 돌봄과 보살핌을 받지 못하는 경우, 높은 수준의 불안감을 경험하는 상황 등에서는 호기심이 억제되는 것으로 나타난다(권석만, 2008).

④ 증진방안

호기심은 우리의 일상생활과 학교생활, 직장에서의 업무성과 등에 영향을 미칠 수 있는 만큼, 호기심을 증진시키고자 하는 노력은 우리의 삶의 질을 향상시키는 데 도움이 될 수 있을 것이다(Peterson & Seligman, 2004).

호기심 증진과 관련된 연구 결과들에 따르면, 다음과 같은 호기심 증진 방안을 도출할 수 있다. 첫 번째, 지금 알고 있는 것과 모르고 있는 것에 대한 자각 수준을 높이는 것(둘 간의 괴리를 자각할 때 호기심이 증가한다). 두 번째, 자율성과 유능감을 느낄 수 있는 경험을 촉진하는 것(개인의 능력을 잘 발휘할 수 있는 적절한 난이도의 과제를 수행하는 등). 세 번째, 개인이 중요한 의미를 부여하는 영역에서 좋은 멘토와의 지지적인 관계를 형성하는 것을 통해서 호기심을 증진할 수 있으며, 개인의 성장을 돕는 기회가 될 수 있다(권석만, 2008).

Rashid와 Anjum(2005)이 제시하는 호기심 증진 방법은 다음과 같다.

- **호기심의 증진 방법**(권석만, 2011 재인용)
  (1) 매주 세 차례 30분 정도 책, 학술지, 잡지, TV, 라디오 또는 인터넷을 통해 관심분야의 지식을 확장시킨다.
  (2) 잘 모르는 낯선 주제에 관한 강의, 세미나, 행사 등에 참석한다.

(3) 자신의 관심사를 공유할 수 있는 사람을 찾아서 그 분야에서 전문지식을 쌓는 그 사람의 노하우를 배운다.
(4) 잘 모르는 음식을 하는 음식점에 가본다.
(5) 자신이 좋아하는 주제에 관해서 아직 잘 모르고 있는 것들의 목록을 만들어 본다.
(6) 자신의 지식과 기술에 대해 도전적인 일을 시도해 본다.
(7) 다른 문화권에 있는 사람과 관계하고 지내면서 그 문화권에 대해 배워 본다.
(8) 매년 적어도 한 번은 새로운 장소를 방문한다.
(9) 자신의 호기심을 감소시켰던 요인들을 파악하고, 호기심을 다시 불러 일으킬 수 있는 세 가지의 새로운 방법을 찾아본다.
(10) 숲이나 공원, 개천 등에서 매주 한 시간 정도 거닐면서 자연의 변화를 탐구한다. (등)

(3) 개방성(Open-Mindedness)

① 이론적 정의

개방성은 자기 자신이 지지하는 신념이나 계획, 목표 등에 대하여 반대되는 증거들이라 할지라도 이를 적극적으로 탐색하고, 적절하다면 이를 적극적으로 수용할 수 있는 자세를 의미한다(권석만, 2008). 이 심리적 특성은 '자기 자신에 대한 비판적인 성찰능력'과 '자신과 타인에게 도움이 될 수 있는 정보를 합리적으로 판단할 수 있는 능력'이라는 특성으로 인하여 학자나 책에 따라 '판단력(Judgment)'이라고 번역하기도 한다.

개방성은 자기 자신이 기존에 가지고 있는 생각에 집착하지 않고, 다양한 측면에 대하여 생각하고 검토함으로써 현명한 판단을 내릴 수 있도록 도와주는 성격특성이며, 개인의 삶의 질을 향상시킬 수 있는 강점으로 작용할 수 있다.

② 심리적 특성

개방성, 개방적인 성격특성은 일상에서 마주하는 다양한 영역에서 적응적인 특성으로 알려진 자기효능감(모화숙 외, 2013), 자아존중감(연은모·최효식, 2019), 적응수행(손향신·유태용, 2011) 등의 요인들과 관련되는 것으로 알려져 있다. 또한, 비판적인 사고와 밀접한 관계를 지니고 있으며 개인이 자신의 생각에 대하여 보다 반성적인 태도와 타인의 생각에 대한 수용적인 태도를 취하는 것과 관련이 있다(권석만, 2011).

이는 개방적인 사람들이 그렇지 않은 사람들에 비해 자신의 생각과 일치하지 않는 견해에 대해서도 주의를 기울일 수 있고, 합리적으로 판단하고 검토할 수 있는 성향을 가지는 것과 관련이 있을 것으로 사료된다. 이러한 심리적인 특징은 개방적인 성격특성을 가지는 사람들이 그렇지 않은 사람들에 비해 스트레스 상황을 보다 잘 감당할 수 있도록 해 주기 때문에(Pietersma & Dijkstra, 2012) 현대 사회에서 중요한 의미를 가진다고 볼 수 있을 것이다.

Peterson과 Seligman(2004)에 따르면, 높은 수준의 개방성을 가진 사람들은 다음과 같은 이야기에 동의하거나(1~3번 문항) 동의하지 않는(4~7번 문항) 경우가 많을 것이다.

(1) 과거에 가지고 있던 믿음을 포기할 수 있다는 것은 강한(좋은) 성격(마음)을 가졌다는 증거이다.
(2) 우리는 언제나 자신의 신념에 어긋나는 증거들에 대하여 개방적으로 고려할 필요가 있다.

(3) 우리의 믿음은 항상 새로운 증거들에 대응하여 수정될 필요가 있다.
(4) 마음을 바꾸는 것은 나약하다는 증거이다.
(5) 의사결정을 하는데 있어 가장 중요한 지침은 '직관'이다.
(6) 자신의 신념이 옳지 않다는 증거가 있더라도 자신의 신념을 관철하는 것이 중요하다.
(7) 자신이 가지고 있는 기존의 신념과 상충되는 증거는 무시해야 한다.

③ 촉진요인과 억제요인

개방성은 대부분의 다른 심리적 요인들과 마찬가지로 개인의 특성과 환경의 영향으로 인하여 촉진되거나 억제될 수 있다.

개방성은 개인이 자신의 생각을 조직화하는 방식에 따라 높아지거나 낮아질 수 있으며, 교육에 의해서도 촉진되거나 억제될 수 있는 것으로 알려져 있다. 또한, 시간적인 압력이 높아지면 억제되는 것으로 알려져 있으며(권석만, 2011), 자신이 중요한 결정을 해야 하며, 결과에 대한 긍정적인 기대를 할 때 보다 촉진되는 것으로도 알려져 있다(권석만, 2008).

④ 증진방안

개방성은 자신이 가지는 견해에 집착하지 않고, 다양한 측면에서 정보를 받아들이고 검토할 수 있도록 해주는 심리적 특성인 만큼, 현대 사회를 살아가고 있는 우리의 삶의 질을 높여줄 수 있는 중요한 강점이라고 볼 수 있을 것이다. 권석만(2011)은 개방성을 증진하기 위한 구체적인 노력 방법으로서 다음과 같은 노력들을 제시하고 있다.

- **개방성의 증진 방법**(권석만, 2011 재인용)
  (1) 정서적으로 개입되어 있고 논란의 쟁점이 되는 한 가지 주제를 택하여 자신의 입장과 반대되는 입장에서 생각해 본다. 이러한 반대 입장을 지지하는 다섯 가지 이유를 생각하여 적어본다.
  (2) 자신이 과거에 다른 사람으로부터 부당한 대우를 받은 상황을 떠올려 보고, 그 사람이 우연히 또는 의도적으로 자신에게 부당한 대우를 했을 그럴듯한 이유를 세 가지 생각해 본다.
  (3) 만약 자신이 부모라면, 자녀와 논쟁을 하게 되는 주제를 떠올려 보고, 자녀의 입장이 되어 자녀의 입장이 타당하다고 생각할 수 있는 세 가지의 실제적 이유를 생각해 본다.

(4) 학구열(Love of learning)

① 이론적 정의

학구열은 새로운 기술이나 주제, 지식 등을 배우고 숙달하고자 하는 갈망이나 성향을 의미한다. 이러한 성향이 높은 사람은 정신적·물질적 보상이 없거나 적더라도 특정한 분야에 대해 깊이 알고 싶어 하며, 때로는 이를 넘어서 알고 있는 지식을 다른 사람들에게 가르치고자 하는 욕구를 나타내기도 한다(Peterson & Seligman, 2004).

개인이 무엇인가를 학습하는 과정에서는 긍정적인 정서뿐 아니라 부정적인 정서도 경험할 수 있는데, 학구열은 이러한 부정 정서(곤란, 좌절 등)를 마주했을 때에도 개인이 학습을 지속할 수 있도록 돕는 역할을 한다. 이러한 특성으로 인하여, 학구열의 강점을 가지는 사람은 즉각적인 성과를 기대하기 어려운 경우에도 이를 배우고자 노력할 수 있으며, 결국 보다 깊고 넓은 수준의 지식을 발전시킬 수 있다(권석만, 2008).

② 심리적 특성

학구열은 개인의 긍정적인 경험을 촉진하고 신체적·심리적 안정에 기여할 수 있는 요인으로 알려져 있다. Peterson과 Seligman(2004)에 따르면, 학구열이 높은 사람들은 새로운 것을 배우는 것에 대해서 보다 긍정적인 감정을 느끼며, 도전과 좌절에도 자기조절을 잘 해나가는 능력이 높고, 학습한 것에 대해 의미를 찾아내고 이를 음미하려는 노력을 하며, 자율감과 도전의식, 효능감 등을 가지는 것으로 알려져 있으며, 몰입과도 밀접하게 연관되어 있다.

학구열은 인간이 가지는 일반적인 특징으로서, 사람들은 대부분 일정 수준의 학구열을 지닌다. 하지만 각각의 개인이 경험하는 상황이나 학습 환경에 따라 다르게 나타날 수 있으며, 나이가 증가함에 따라 감소하는 경우가 많다고 알려져 있다(Renninger et al., 2004).

Peterson과 Seligman(2004)은 학구열의 강점을 가진 사람들이 다음과 같은 진술에 동의할 것이라고 제시하고 있다.

(1) 지금은 이 과업을 할 수 없더라도, 앞으로 할 수 있게 될 것이라고 생각한다.

(2) 나는 새로운 것을 배우는 것을 좋아한다.

(3) 과업을 올바르게 수행하기 위해 필요한 모든 것을 할 것이다.

(4) 학습은 즐거운 경험이라고 생각한다.

(5) 나는 좋은 성적을 받는 것보다 과업을 잘(철저하게) 수행하는 것에 더 신경을 쓴다.

③ 촉진요인과 억제요인

앞서 언급한 바와 같이, 학구열은 인간이 가지는 보편적인 특성이지만, 개인이 처한 학습 환경과 경험 등에 의해 영향을 받을 수 있다. 특히, 문화적인 특성에 따라 학구열을 발휘하도록 장려하는 영역이 달라질 수 있다. 예를 들어, 독립성을 강조하는 서양문화권의 경우 개인적 역량을 육성하는 방향으로의 학습을 장려하고 상호 의존성을 중요하게 생각하는 동양문화권의 경우 대인관계에 관한 역량에 대한 학습을 장려하는 등의 차이가 나타날 수 있다(권석만, 2008). 또한, 교사나 학부모가 사용하는 교육 방법이나 학생이 학습 과정에서 경험하는 유능감과 같은 요인들로 인해 촉진될 수도 있는 것으로 알려져 있다.

권석만(2011)에 따르면, 일반적으로 개인의 학습 의욕을 촉진시키는 조건으로는 특정한 영역에 대한 긍정적인 관심이나 그 영역에 대한 지식, 과제를 잘 수행할 수 있다는 효능감, 과제에 대한 호기심, 과제수행을 위해 강점을 찾아내고 활용할 수 있는 능력 등이 있다. 또한, 학구열은 이를 잘 유지하는 것도 중요한데, 도전의식이나 학습에 대한 높은 기대수준, 사회적 관계망의 구축 등이 학구열을 유지하는데 도움을 줄 수 있는 것으로 알려져 있다.

④ 증진방안

학구열은 개인이 새로운 것을 학습하고 숙달하는데 있어 도움이 되는 강점이며, 학습의 과정에서 마주하게 되는 부정적인 정서를 극복하고 학습을 지속할 수 있도록 도와주는 강점인 만큼 학구열을 증진시키는 것은 우리가 보다 적응적인 삶을 살아가는 데 도움이 될 수 있다.

Rashid와 Anjum(2005)가 제안한 학구열 증진 방법 중 일부를 소개한다.

- **학구열의 증진 방법**(권석만, 2011 재인용)

  (1) 자신이 학생이라면, 꼭 읽어보라고 제시되는 것(요구되는 것) 이외에도 권장되는(추천되는) 것도 읽어본다.

  (2) 일주일에 최소한 두 번 이상 5개의 새로운 어휘를 학습하고 활용해 본다.

  (3) 매달 한 번 이상은 논픽션 도서를 읽어본다.

  (4) 적어도 일주일에 한 번 씩은 도서관에 가서 자신의 관심 주제에 대한 자료를 읽어보고 연구해 본다.

  (5) 다른 사람과 함께 서로의 관심사에 대해 대화를 나눈다.

  (6) 신문이나 TV 인터넷 등을 통해 전 세계에서 일어나는 일들에 대한 소식을 접하고 관심을 가져본다.

  (7) 책읽기, 책 토론 동호회 등에 참여해 본다.

  (8) 자신이 관심을 가지는 분야의 세미나나 워크숍 등에 참석해 본다. (등)

(5) 예견력(Perspective)

① 이론적 정의

예견력(Perspective) 혹은 지혜(Wisdom)라고 번역되는 이 성격강점은 이전부터 관심을 받아 왔으며, 문화권을 막론하고 중요한 덕목으로서 인시되어 왔다. 이 성격강점은 세상의 이치를 알고, 사물이나 현상을 전체적인 관점에서 이해하며, 다른 사람에게 현명한 조언을 제공할 수 있는 능력이라는 점에서 예견력, 지혜라고 불린다. 하지만, 여러 학자들의 이론적인 정의나 방법론적인 접근법이 다르기 때문에, 이에 대해 합의된 정의를 제시하는 것에는 어려움이 있다(Peterson & Seligman, 2004).

Peterson과 Seligman(2004)은 현대 심리학에서 연구된 지혜의 특성을 통해 예견력이라는 성격강점을 설명하고 있는데, 이를 요약하면 다음과 같다. 첫 번째, 지혜는 IQ테스트를 통해 알 수 있는 것과 같은 지능(Intelligence)과는 다른 개념이다. 두 번째, 매우 뛰어난 수준의 지식과 판단력, 그리고 조언능력을 의미한다. 세 번째로, 인생의 의미와 행위에 대한 중요하고 어려운 질문에 대한 답을 찾을 수 있도록 해준다. 네 번째, 이를 사용하는 것을 통해 자신과 다른 사람들의 웰빙(Well-being)을 증진시킬 수 있다고 이야기하고 있다.

② 심리적 특성

현대 심리학자들은 지혜에 관한 특성을 주로 세 가지 측면에서 연구하고 있는데, 이는 지혜의 심리적인 과정, 지혜를 발휘한 결과, 지혜로운 인간의 특성으로 나뉘는 것으로 알려져 있다. 이러한 연구들의 결과는 다행히도 서로 합치되는 부분이 있으며, 특히 지혜로운 사람들에 대한 특성에서는 더욱 많은 일치를 나타낸다. 이러한 사람들의 특성에 대해서 Peterson과 Seligman(2004)는 다음과 같이 언급하고 있다.

예견력(지혜)의 강점을 가지는 개인은 - 겸손으로 인하여 이를 부인하지 않는다면 - 다음과 같은 내용에 대하여 동의할 것이다.

(1) 나는 나 자신에 대한 지식(자기이해)을 잘 하고 있다.
(2) 나는 이성과 감성을 모두 활용하여 의사결정을 한다.
(3) 나는 의미나 관계에 대한 패턴을 잘 알아차린다.
(4) 나는 폭넓은 안목이나 관점을 가지고 있다.
(5) 나는 다른 사람들과 사회를 위해 기여하고 싶은 강한 욕구를 가지고 있다.

(6) 나는 다른 사람들의 요구를 고려한다.
(7) 나는 내가 할 수 있는 일의 한계를 이해하고 있다.
(8) 나는 중요한 문제의 핵심을 파악할 수 있다.
(9) 나는 나의 장점과 단점을 정확하게 파악하고 있다.
(10) 나는 필요한 때 다른 사람에게 조언을 구한다.
(11) 나는 나 스스로의 기준에 부합하는 방식으로 행동한다.

③ 촉진요인과 억제요인

일반적으로, 지혜는 나이가 증가함에 따라 증가한다고 생각하는 경향이 있지만, 연구결과들은 나이가 증가한다고 지혜가 증가하지는 않는다는 것을 보여준다(권석만, 2011).

지혜는 그저 나이를 먹는다고 증가하는 것이 아니며, 인간 발달적인 측면과 관련이 있다. 권석만(2008)에 따르면, 지혜는 인생의 각 단계에서 경험하게 되는 과업들을 적극적으로 잘 해결해 내는 경험을 통해 발달하며, 인생의 큰 변화들을 경험하는 것을 통해 증가할 수 있다고 알려져 있다(예를 들어, 사랑이나 직업 등에 있어서 커다란 변화를 경험하는 등). 또한, 위기와 고난과 같은 스트레스 상황도 개인을 자극하여 도전하고 적응하도록 하며 이를 통하여 지혜의 발달을 도울 수 있다고 알려져 있으며, 교육과 훈련을 통해서도 촉진될 수 있는 것으로 알려져 있다(Peterson & Seligman, 2004).

④ 증진방안

지혜는 개인이 세상의 이치를 이해하고, 사물이나 현상을 넓은 관점에서 이해하고 현명한 조언을 제공할 수 있도록 해주는 강점이라는 점에서 가치가 있다.

Rashid와 Anjum(2005)은 지혜를 증진시키기 위한 방법으로서 다음과 같은 내용들을 소개하고 있으니, 이를 참조하면 지혜의 강점을 계발하는 데 도움을 얻을 수 있을 것이다.

- **지혜의 증진 방법**(권석만, 2011 재인용)

(1) 자신이 아는 가장 지혜로운 사람을 생각해 보고, 내가 마치 그 사람인 것처럼 하루를 살아보고자 노력해 본다.

(2) 누군가가 조언을 요청하는 경우에만 조언을 하되, 자신이 할 수 있는 한 가장 사려 깊게 조언해 준다.

(3) 친구나 가족 직장동료 등 두 사람 간의 갈등을 해결하는 것을 돕도록 노력한다.

(4) 내가 가장 최근에 한 중요한 결정이나 행동 5가지에 대한 목적을 생각해 본다.

(5) 지혜에 관한 글을 읽어보고, 이를 실천하기 위한 세부적인 단계를 적어 본다.

(6) 나의 삶에 직접적인 영향을 미치고 있는 과학적인 연구들에 대한 도덕적인 의미를 생각해 본다.

(7) 세계사를 역사적·문화적·경제적인 관점에서 탐구해 본다.

(8) 다른 사람들에게 자문을 제공하는 역할을 적어도 3개월에 한 번 정도씩 수행해 본다.

(9) 어떤 결정을 내려야 할 때는 감성과 이성을 모두 활용하는 연습을 한다.

(10) 멘토가 되어본다.

2) 용기(Courage)

VIA 분류체계에서 제시하는 두 번째 미덕인 '용기'는 개인이 경험하게 되는 내적·외적 난관에 마주하여 이를 극복하고 목표를 성취하고자 하는 의지와 관련된 강점이다. 용기의 미덕은 우리가 목표의 성공 여부에 대한 확신이 없는 상태라고 하더라도 목표를 달성하기 위해 의지를 발휘할 수 있도록 해준다. 이러한 용기의 미덕에 포함된 강점들 중에는 '적극적이고 능동적인 방식'으로 표출되는 강점도 있는 반면, '고통을 인내하고 유혹을 견디는' 것과 같은 수동적인 강점도 존재한다는 것을 알아둘 필요가 있다.

(1) 용감성(Bravery)

① 이론적 정의

용감성에 대한 역사적인 원형은 전장에서 전사들이 보여주는 육체적 용기라고 볼 수 있을 것이다. 하지만, 용기는 육체적인 용감함만을 의미하지는 않으며, 오히려 '반대나 난관이 있더라도 필요한 것을 할 수 있는 능력'이라고 보는 것이 바람직할 것이다. 실제로 용감성은 육체적인 용감성뿐만 아니라 반대나 역경 속에서도 올바른 말을 하거나, 도덕적으로 의심스러운 지름길을 마주할 때에도 이러한 압력에 저항할 수 있는 능력과 같은 심리적·도덕적 행위를 모두 포괄하는 의미라고 볼 수 있다(Peterson & Seligman, 2004).

현대 심리학에서는 용감성을 '신체적 용감성', '도덕적 용감성', '심리적 용감성'으로 구분하고 있다. 신체적 용감성은 육체적인 손상이나 죽음에 대한 공포를 이겨낼 수 있도록 해주는 것으로서, 육체적인 손상이 초래될 수 있는 상황에서 나타나는 용감성이다. 도덕적 용감성은 사회적인 무시나 비난, 따돌림, 경제적인 곤란, 직업이나 명예의 손상을 입을 수 있다는 두려움 속에서도 자신이 옳다고 여기는 행동을 할 수 있도록 해주는 용감성을 의미한다. 심리적 용감성은 자신의 심리적인 안정 상태의 손상에 대한 두려움을 견디는 것, 예를 들어 자기 자신의 불안이나 공포와 직면하는 용기와 같은 것을 의미한다고 볼 수 있다(권석만, 2008).

② 심리적 특성

Peterson과 Seligman(2004)에 따르면, 용감성과 관련된 심리적 특성에 대한 연구들은 신뢰할 만한 측정도구의 부족으로 인하여 일관적인 결과를 제시하기에 다소 어려움이 있지만, 기존에 연구된 결과들을 토대로 용감성은 다음과 같은 요인들과 잠재적으로 상관이 있다고 보고 있다.

(1) 친사회적인 성향
(2) 내적인 통제소재(행동의 결과를 자기 자신에게 귀인하는 성향)
(3) 자기효능감이나 자신감
(4) 독립성 또는 자유를 중시하는 가치관
(5) 사회적으로 중요한 성과를 높게 평가하는 가치관
(6) 만족에 대한 지연 능력
(7) 동시에 여러 감정 상태를 경험할 수 있는 능력
(8) 위험을 감수하고자 하는 성향
(9) 스트레스 상황에서 낮은 각성 수준을 유지할 수 있는 성향 (등)

③ 촉진요인과 억제요인

Peterson과 Seligman(2004)은 용감성과 관련한 기존의 연구들을 검토하여 용감성을 증진시킬 수 있는 6가지 요인을 제시하였다. 이는 용감성을 지지하는 상황별 메시지(맥락적 상황), 친사회적 가치에 대한 지지와 진실 규명을 강조하는 보는 환경, 강력한 리더십, 신뢰감, 행동에 대한 분명한 기대, 공동체의 유대감이다. 반면, 용감성을 발휘한 행동이 누군가에게 처벌받을 수 있는 환경, 즉 위계적인 특성이 강한 조직특성이나 낮은 지위와 같은 환경은 개인의 용감성을 억제하는 요인으로 작용할 수 있다.

④ 증진방안

용감성은 개인이 역경 속에서도 자신이 믿고 목표하는 바를 이룰 수 있게 해주는 강점이라는 점에서 가치가 있다. Rashid와 Anjum(2005)은 용감성을 증진시키기 위한 방법으로서 다음과 같은 내용들을 소개한다. 이를 참고하여 용감성을 증진시키기 위한 노력을 한다면 고난이나 역경의 상황에서 자신의 목표를 이루는 데 도움을 얻을 수 있을 것이다.

- **용감성의 증진 방법**(권석만, 2011 재인용)
  (1) 여러 사람들이나 집단에게 나의 독특한 생각–색다르거나 대중적이지 않을 수 있는–생각을 이야기해 본다.
  (2) 확실히 정당하지 않다고 생각되는 것을 나에게 요구하는 기관, 권위자에게 항의해 본다.
  (3) 평소에 두려움으로 인하여 하지 못하던 일들을 해 본다.
  (4) 긍정적인 방향으로의 사회 변화를 위해 작지만 실천적인 행동을 해 본다.

(5) 숭고한 가치나 목적을 위하여 사회적인 압력 등에 의미 있는 방식—예를 들어 글쓰기, 연설, 집회참석 등—으로 저항 행동을 해 본다.
(6) 자기 자신을 충분히 방어할 수 없는 약자를 보호하거나 변호해 준다.
(7) 자기 자신이 직면하기 어려워하는 부분이 있다면, 이를 확인하고 직면하기 위한 연습을 한다. (등)

(2) 끈기(Persistence)

① 이론적 정의

끈기(Persistence)는 무엇인가를 시작했을 때, 이를 끝까지 완수해 내는 능력을 의미한다. 이는 여러 가지 장애에도 불구하고 목표한 바를 계속 수행하고 마무리 하는 능력과 이 과정에서 만족감을 느끼는 태도를 포함한다. 끈기는 용기만큼 화려하게 드러나는 강점은 아니지만, 자신이 목표한 바를 이루고자 하는 마음과 반대되는 충동에 직면하면서도 이를 끝까지 수행하고자 하는 의지라고 할 수 있다. 용감성이 신체적·도덕적·심리적 두려움에 대항하는 용기라면, 끈기는 지루함과 유혹에 대항하는 용기라고 할 수 있다(Peterson & Seligman, 2004).

끈기는 그 자체로 도덕적인 가치이며, 주변의 다른 사람들을 고양시킬 수 있는 힘이다. 이 강점은 보상을 얻기 위한 비 의식적인 내면적 상태라고 할 수 있는 성취동기와 비슷하지만, 동기적·인지적·행동적인 요인을 모두 포함하는 개념이라는 점에서 차이가 있다. 끈기는 시간과 상황에 대하여 상당히 안정된 특질로서 알려져 있으며, 인류 역사에서 기록되는 탁월한 성취를 이룬 많은 인물들은 각자의 영역에 대한 능력뿐 아니라 끈기라는 강점을 가지고 있는 것으로 알려져 있다(권석만, 2011).

② 심리적 특성

어떤 학자들은 끈기는 인간만이 가지는 고유한 힘이라고 이야기한다. 다른 동물들과 다르게, 인간은 목표를 수행하는 데 있어 수 십 분의 수준을 넘어서 몇 일, 몇 주, 심지어는 인생 전체를 통해 끈기를 발휘하는 것을 요구받기도 한다. 이러한 관점에서, 학자들은 끈기가 문명의 전제조건이라고 이야기하기도 한다(Peterson & Seligman, 2004).

그렇다면 개인의 차원에서는 어떨까? 끈기는 우리의 삶에 다양한 이익과 혜택을 제공할 수 있는 강점이다. 성취하기 어려운 목표를 달성하는 데 있어 그 가능성을 높여줄 수 있으며, 인내하는 과정을 거쳐 얻게 된 결과를 즐길 수 있도록 해 주기도 한다. 또한, 끈기라는 강점을 잘 활용하면 개인의 역량을 향상하는 데도 도움이 된다. 그리고 무엇보다도 역경을 견디고 이를 극복해 낸 경험을 통해 개인의 자기효능감을 향상시키는 데 도움을 주는 강점이라고 할 수 있다. 이러한 성취는 자기자신에 대한 긍정적인 평가, 심리적인 안녕감, 삶의 만족도에 긍정적인 영향을 준다(권석만, 2011). 하지만, 아무리 좋은 강점이라고 하더라도 언제나 긍정적으로만 작용한다고 보기는 어렵다. 특히, 불가능한 일에 집착하는 경우, 이는 시간과 노력의 낭비가 될 수도 있다. 사람들은 그동안 투자한 시간이나 노력, 금전으로 인해 포기하지 못하거나, 목표에 거의 도달했다는 느낌으로 인해 그만두지 못하는 경우도 있다. 끈기는 적절한 판단에 의해 효과적으로 사용될 때 이로운 것임을 기억해야 할 필요가 있다(권석만, 2008).

③ 촉진요인과 억제요인

Peterson과 Seligman(2004)은 끈기와 관련한 기존 연구들을 개관하면서, 다음과 같은 요인들이 끈기를 촉진시킬 수 있다고 언급하였다.

첫 번째, 노력에 대한 보상 경험을 들 수 있다. 자신의 노력에 대한 보상을 경험한 적이 있는 사람이 보다 많은 노력을 하게 되며, 이는 끈기의 증가로 이어지게 된다는 연구결과들이 다수 존재한다.

두 번째, 사회적인 지지를 들 수 있다. 사회적인 지지를 받은 개인은 그렇지 않은 경우에 비해 학업 등에서 더 많은 끈기를 보이는 것으로 나타난다.

세 번째, 긍정적인 피드백도 끈기를 촉진시키는 역할을 한다. 긍정적인 피드백은 개인의 끈기를 증가시킬 뿐 아니라, 자기결정감도 증가시키는 것으로 알려져 있다. 하지만, 긍정적인 피드백이 지나치게 제공되는 경우에는 오히려 끈기를 감소시킬 수도 있는 것으로 나타나며, 이는 적절한 수준의 긍정적인 피드백이 제공될 때 끈기가 촉진될 수 있다는 점을 알려준다.

한편, 학습장애나 주의력결핍과잉행동장애, 우울증 등은 개인이 끈기를 발휘하지 못하도록 억제하는 요인으로 작용할 수 있으며, 자기조절의 어려움이나 낮은 만족지연능력 등도 끈기의 억제요인으로 제시되고 있다.

④ 증진방안

끈기는 개인이 무엇인가를 시작했을 때, 여러 가지 장애에도 불구하고 목표한 바를 계속 수행하고 마무리할 수 있도록 해주는 강점이라는 점에서 가치가 있다. 용기만큼 강렬하게 나타나는 강점은 아닐 수 있지만, 자신이 목표한 바를 실질적으로 이루는 데 있어 핵심적인 역할을 하는 강점인 것이다.

Rashid와 Anjum(2005)은 끈기를 증진시키기 위한 방법들을 소개하였는데, 그중 일부를 소개하고자 한다. 이를 참고하여 끈기를 증진시키기 위한 노력을 한다면 자신의 목표를 끝까지 달성할 수 있는 힘을 키울 수 있을 것이다.

- **끈기의 증진 방법**(권석만, 2011 재인용)

  (1) 자신이 해야 하는 일들의 목록을 만들고, 매일 그 일들을 하나씩 수행해 본다.

  (2) 자신이 해야 하는 중요한 일들을 처음 계획한 것보다 일찍 완성해 본다.

  (3) 여러 시간 동안 쉬지 않고 일 혹은 공부 등을 수행해 본다. (예를 들어, 스마트폰이나 TV를 사용하지 않고 한 가지 일을 지속해 본다.)

  (4) 몰입해 본 경험이 있거나 의미 있는 활동이라고 생각하는 활동을 선택하여 그것에 100% 투자해 본다.

  (5) 매주 5가지의 작은 목표를 정한다. 단계별로 계획을 수립하여 이를 정해진 시간에 끝마치고 그 과정을 점검한다.

  (6) 가장 중요하다고 생각하는 목표의 경우 평소보다 더 열심히 일(공부)한다.

  (7) 이른 봄에 꽃을 심어 여름 내내 돌봐 본다.

  (8) 자신의 목표를 적어서 잘 보이는 곳에 붙인다.

  (9) 5년 내에 이루고 싶은 것에 대해 생각해 보고, 로드맵을 그리고, 점검하면서 현재 내가 가진 기술과 지식이 어떻게 합치될 수 있는지 검토해 본다. (등)

(3) 정직성(Integrity)

① 이론적 정의

무결성(Integrity), 진정성(Authenticity), 혹은 정직함(Honesty)이라고 번역되는 이 성격강점은 인간의 진실성과 진정성에 대한 강점으로서, 사람들이 자신의 내면 상태나 의도, 약속 등을 공적·사적으로 정확하게 표현하는 성격특성을 의미한다. 이 성격강점은 학자나 번역서에 따라서 '진실성', '정직성', '정직' 등으로 번역되곤 한다. 국립국어원(2021)에 따르면, '진실성'과 '정직성'의 첫 번째 정의는 각각 "참되고 바른 성질이나 품성", "마음에 거짓이나 꾸밈이 없이 바르고 곧은 특성"이다. 두 가지의 단어 모두가 이 대표강점의 특성을 대변하는 단어로서 적합할 수 있지만, '진실성'은 추가적으로 '변하지 않는 진리'라는 측면의 의미도 포함하고 있는 점을 고려하여 이 책에서는 '정직성'으로 번안하고자 한다.

Peterson과 Seligman(2004)은 정직성은 대부분의 사람들이 도덕적이라고 동의하는 가치관이며, 대인관계에서 중요한 역할을 하는 등 자신과 다른 사람들의 행복을 증진시킬 수 있는 가치라고 표현하고 있다. 이처럼 정직성은 우리의 삶에 있어 중요한 역할을 하는 성격강점이지만, 개인이 항상 정직성을 발휘하는 것은 쉽지 않을 수 있다. 자신의 생각이나 견해 등을 정직하게 표현한다고 하더라도 특별한 대가(예를 들어, 비난, 무시, 사회적, 경제적 대가 등)를 치루지 않아도 되는 경우에는 어려울 것이 없지만, 그렇지 않은 경우에도 정직하게 자기 자신의 진정한 모습을 보이는 것은 쉽지 않을 수 있으며, 상당한 용기를 필요로 한다. 이 때문에 정직성은 용기의 미덕에 포함되는 대표강점으로 분류되는 것이다.

② 심리적 특성

정직성은 쉽게 변하지 않는 비교적 안정적인 성격특질로 알려져 있으며, Albert Einstein이나 Albert Schweitzer 등과 같은 역사적 위인들이 가지고 있던 심리적 특질로 알려져 있다(Peterson & Seligman, 2004).

정직성은 인간의 행복한 삶과 관계가 있는 것으로 알려져 있으며, 자존감, 주관적 안녕감, 성실성과도 정적인 관계가 있는 것으로 알려져 있다. 특히, 정직성은 자신의 내면의 상태를 표현하는 것과 관련이 있는 만큼, 정직성을 발휘하지 못하는 경우 자기소외를 높이고, 여러 정신적인 어려움을 경험할 수도 있다(권석만, 2008). 하지만 정직성도 모든 상황에서 긍정적인 영향을 미치는 것은 아닌데, 대인관계에서 타인의 부정적 측면을 지나치게 적나라하게 지적하는 등의 잔인한 정직성(Brutal honesty)은 오히려 대인관계를 어렵게 만들 수 있어 주의가 필요하다(권석만, 2011).

또한, Peterson과 Seligman(2004)은 정직성의 특성에 대하여 언급하면서 이 성격강점을 가진 개인은 다음과 같은 진술을 강력하게 지지할 것이라고 언급하고 있다.

(1) 다른 사람들에게 인기를 얻는 것보다 있는 그대로의 나 자신이 되는 것이 더 중요하다고 생각한다.
(2) 사람들이 항상 진실을 말한다면, 모든 일이 잘 해결될 것이라고 생각한다.
(3) 나는 내가 원하는 것을 얻기 위해서 누군가에게 거짓말을 하지 않는다.
(4) 나의 인생은 나의 가치관에 의해 인도되고, 의미가 부여된다.
(5) 나의 감정에 대해 솔직하고 개방적이 되는 것이 중요하다고 생각한다.
(6) 나는 어떠한 대가를 치루는 경우가 있더라도 약속한 바를 꼭 지킨다.
(7) 나는 없는 척 가장하는 것을 싫어한다.

③ 촉진요인과 억제요인

앞서 언급한 바와 같이, 정직성은 대부분의 사람들이 도덕적인 특성이라고 인식하고 있다. 따라서, 많은 부모들은 자녀에게 정직함을 장려한다. 이를 위해서, 부모는 자녀가 정직하지 않은 행동을 했을 때 이를 처벌하곤 하며, 이는 자녀의 정직하지 않은 행동을 억제하는 데 영향을 미친다. 하지만 자녀의 정직하지 않은 행동에 대해 처벌하는 것만으로 정직성을 촉진할 수 있는지에 대해서는 의문이 남는다. 처벌을 두려워해서 '거짓말을 하지 않는 것'이 진정한 의미의 정직성이라고 보기는 어렵기 때문이다. 또한, 부모들은 자녀를 양육하는 과정에서 '적당히 거짓말을 하는' 것이 사회적으로 보다 유용할 수 있다는 것을 가르치기도 한다(Peterson & Seligman, 2004). 이러한 점을 살펴볼 때, 처벌과 훈육을 통해서 정직성이 촉진된다고 단언하기는 어렵다. 권석만(2008)은 정직성을 촉진하고 억제시키는 요인에 대해 인간중심 상담이론을 바탕으로 설명하고 있다. 인간중심 상담이론에 따르면, 인간이 정직성을 발휘하지 못하는 것은 '조건적인 수용'으로 인한 '가치조건화'로 인해 자기 자신의 진정한 감정과 믿음을 잘 인식하지 못하기 때문이다. 때문에, 마치 심리상담 과정에서처럼 개인이 '무조건적인 수용'을 받을 수 있는 상황 속에서는 정직성이 촉진될 수 있다는 것이다.

반대로, 아동들의 경우, 또래집단과 함께 의사결정을 할 때 정직성이 낮아지는 경향이 나타날 수 있으며, 다양한 심리적인 스트레스 요인(이혼이나 학대, 방치 등)이나 거짓말에 대한 가족의 긍정적인 태도와 반응 등은 개인의 정직성을 억제하는 요인으로 작용할 수 있다(Peterson & Seligman, 2004).

④ 증진방안

정직성은 개인이 자신의 내면 상태나 의도, 약속 등을 공적·사적으로 정확하게 표현할 수 있도록 해주며, 자기 소외에서 벗어나 보다 긍정적인 대인관계를 형성하고 유지할 수 있도록 해주는 성격강점이라는 점에서 가치가 있다.

Rashid와 Anjum(2005)은 정직성을 증진시키기 위한 방안으로서 다음과 같은 내용들을 소개하고 있으니, 이를 참조하면 정직성의 강점을 계발하는 데 도움을 얻을 수 있을 것이다.

- **정직성의 증진 방법**(권석만, 2011 재인용)

(1) 친구에게 거짓말이나 아부 등을 하지 않는다.

(2) 사소한 것이라도 거짓말을 하는 순간을 점검하고, 매일 조금씩이라도 거짓말을 줄이도록 노력해 본다.

(3) 적극적인 거짓말이 아닌 '충분한 제고를 제공하지 않는 경우', 예를 들어 물건을 사고 거스름돈을 더 받았을 때 이야기하지 않는 경우 등에 대하여 점검해 보고, 만약 다른 사람이 나에게 같은 행동을 한다면 어떤 기분이 들 것 같은지 생각해 본다.

(4) 자신이 가장 중요하다고 생각하는 가치에 대하여 생각해 보고, 그 가치관에 일치하는 행동을 매일 실행해 본다.

(5) 다른 사람에게 나의 동기나 의도를 설명할 때, 최대한 정직하게 이야기한다.

(6) 자신의 지위나 명성에 대한 위기에 직면할 때라도 정직하게 생각하고 행동한다.

(7) 다른 사람들과 창의적이면서도 정직하게 관계를 맺을 방법에 대해 생각해 본다.

(8) 정직하고 진솔한 행동과 그렇지 않은 행동에 대해 나 자신이 느끼는 만족감을 확인해 본다. (등)

(4) 열정(활력)(Vitality)

① 이론적 정의

이 성격강점은 열정(Zest, Enthusiasm) 혹은 활력(Vitality)으로 번역되는 강점으로서, 삶에 대한 주관적인 경험이라고 할 수 있는 웰빙의 역동적인 측면을 묘사하는 강점이다. 열정적인 사람은 활기차고 적극적으로 살아가며, 목표를 향해 열성적으로 나아가는 태도를 가진 사람이다. 이러한 사람은 높은 생산성과 활동성을 보이며, 그와 접촉하는 주변 사람들에게까지 에너지를 공급한다(Peterson & Seligman, 2004).

국내에서는 학자들이나 책에 따라 이 성격강점을 열정, 활력, 또는 활기 등으로 표기하기도 한다. 긍정심리학에서 제시하는 24가지 성격강점들은 세계의 여러 문화권에서 중요하다고 여겨져 온 강점들을 일정한 기준(VIA 분류체계의 발전 과정 참조)으로 검토하고 추출한 결과물이기에, 하나의 단어가 가지는 의미만으로는 설명하기 어려운 경우가 있으며, 번역 과정에서도 혼란이 발생할 수 있기 때문이다. '열정'의 경우, 긍정심리와 성격강점에 대한 이론을 정립한 Peterson과 Seligman(2004)은 '열정(Zest, Enthusiasm)'과 '활력(Vitality)'을 동일한 개념으로 사용하고 있다. 하지만 우리말에서 이 단어들의 의미는 각각 "어떤 일에 열렬한 애정을 가지고 열중하는 마음"과 "살아 움직이는 힘"으로 정의되기에(국립국어원, 2021), 이 책에서는 성격강점의 특성을 조금 더 포괄적으로 표현한다고 생각되는 '열정'이라는 단어를 중심으로 사용하고자 한다.

열정은 유기체의 건강의 지표로서 묘사되기도 하며, 신체적·심리적 요인과 모두 관련이 있는 것으로 알려져 있다. 신체적인 측면에서는 피로 및 질병으로부터 자유로운 건강한 신체 상태와 관련이 있으며, 심리적인 측면에서는 대인관계 및 자발성, 효율성 등을 높여주는 것으로 알려져 있다(Peterson & Seligman, 2004).

② 심리적 특성

열정은 신체적인 측면과 심리적인 측면 모두와 관련이 있는 개인 내적 특성으로 알려져 있다. 열정은 최적의 신체·심리적인 상태를 반영하는 지표로서, 심리적인 통합감, 신체적인 건강과 관련이 있는 것으로 알려져 있다. 실제로, 건강한 생활습관은 열정을 증진시키는 것으로 알려져 있으며, 그 반대의 경우 열정 수준이 낮게 나타나는 것으로 알려져 있다. 열정(활력)의 수준이 높은 개인은 다음과 같은 심리적 특성을 나타낸다(Peterson & Seligman, 2004).

(1) 나는 늘 생기와 활력이 넘친다.
(2) 나는 에너지와 정신력을 가지고 있다고 느낀다.
(3) 나는 거의 언제나 기민하고 깨어 있는 기분을 느낀다.
(4) 나는 에너지가 넘치는 기분을 느낀다.
(5) 나는 생기로 가득 차 있다고 느낀다.
(6) 나는 쉽게 지치지 않는다.

③ 촉진요인과 억제요인

앞서 언급한 바와 같이, 열정은 신체적인 측면과 심리적인 측면 모두와 관련이 있는 만큼, 그 촉진요인과 억제요인도 신체적·심리적 측면 모두에서 존재한다.

Peterson과 Seligman(2004)에 따르면, 신체적 측면에서 질병이나 통증, 피로, 잘못된 식습관 등은 열정을 억제하는 요인으로 작용할 수 있으며, 적절한 운동이나 식습관과 같은 건강한 생활습관은 열정의 촉진요인으로 작용할 수 있다. 심리적 측면에서는, 개인의 자율성을 지지하는 요인들과 친밀성, 목표에 대한 관련 수준 등이 열정을 촉진시킬 수 있는 것으로 알려져 있으며, 자아존중감과 자기통제감의 향상이나 낙관성과 희망의 강화, 자연과 접촉하는 활동(예를 들어, 등산, 스키 등) 등이 열정을 촉진할 수 있는 것으로 알려져 있다(권석만, 2008).

④ 증진방안

열정은 개인이 활기차고 적극적으로 살아가며, 목표를 향해 열성적으로 나아갈 수 있도록 해주며, 신체적·심리적 측면의 건강과도 관련이 있는 중요한 강점이라고 할 수 있다. 열정의 특성상, 열정의 성격강점을 증진시킨다는 것은, 우리의 신체적·심리적 측면의 건강을 증진시키는 것과도 연결될 수 있는 만큼 Rashid와 Anjum(2005)가 이 제시하는 열정의 증진방법을 참조하여 이를 계발해 보기를 권하고 싶다.

- **열정의 증진 방법**(권석만, 2011 재인용)
  - (1) 일주일간 매일 알람시계 없이도 일어날 수 있도록 일찍 잠을 자고, 평소보다 일찍 일어나서 영양 균형이 잘 맞는 아침식사를 한다.
  - (2) "왜 해야 하는 거지?"라고 말하기보다 "왜 하지 말아야 하지?"라고 질문해 본다.
  - (3) 의무적으로 해야 하는 일이 아닌 자신이 진정 원하는 일을 매일 해 본다.
  - (4) 매주 최소 2~3번 이상 운동을 하고, 이러한 생활 습관이 자신의 에너지 수준에 어떤 영향을 미치는지 점검해 본다.
  - (5) 꼭 할 필요가 없는 신체 활동을 한 가지 선택해서 매일 수행해 본다.
  - (6) 잠을 잘 잘 수 있는 습관(규칙적인 취침시간, 취침시간 직전에 식사하지 않기, 잠자리에서 스마트폰 보지 않기 등)을 들여보고, 이것이 활력 수준에 어떻게 영향을 미치는지 생각해 본다.

(7) 어떤 일을 하기 전에 그 일을 어떻게 재미있게, 몰입해서 할 수 있을지 생각해 본다.

(8) 하고 싶다고 생각했었지만 아직 해보지 않은 고된 신체활동(예를 들어, 마라톤, 등산 등)에 도전해 본다.

(9) 합창이나 악기연주 등을 해 본다.

(10) 매주 시트콤이나 코미디 영화 등을 시청한다.

(11) 매주 한 시간 정도의 야외 활동을 해 본다. (등)

3) 사랑과 인간애(Humanity)

VIA 분류체계에서 제시하는 세 번째 미덕인 '사랑과 인간애'는 다른 사람들과의 관계 안에서 나타나는 긍정적인 인간의 품성에 대한 강점들을 설명한다. 이 미덕 안에는 다른 사람들에게 관심을 가지고 관계를 맺거나 보살피는 과정에서 나타나는 긍정적인 특징(강점)인 '사랑', '친절', '사회성'이 포함된다.

사랑과 인간애의 미덕에 포함된 강점들은 가족이나 친구, 동료 등과 같은 비교적 가까운 관계에서 발현될 수 있다고 생각하는 사람들이 많지만, 실제로는 가까운 관계뿐 아니라, 다소 멀게 느껴질 수 있는 '낯선 사람들'을 대상으로도 발현될 수 있는 강점이라는 점을 기억할 필요가 있다.

(1) 사랑(Love)

① 이론적 정의

사전적 의미로서의 사랑은 경우에 따라 상호적인 관계에 한정되지 않고 짝사랑, 스토킹, 숭배, 팬심 등과 같은 다양한 형태로 나타날 수 있지만, 성격강점으로서의 사랑은 '가장 발달된 형태의 사랑'으로서, 다른 사람과의 상호관계 안에서 나타나는 사랑을 의미한다. 다른 형태의 경우에도 어느 한쪽의 측면에서는 사랑으로서 느껴질 수도 있지만, 감정이 일방적으로 전달되는 것이기 때문에 성격강점으로서의 사랑의 특성에 부합하지 않기 때문이다. 따라서 성격강점으로서의 '사랑'은 로맨틱한 사랑, 우정, 부모 자녀 간의 사랑, 멘토링 관계, 동료 간의 정서적 유대감과 같은 형태를 전제로 한다.

사랑은 도움을 제공하는 행동, 편안함, 수용하는 행동 등으로 특징지어질 수 있으며, 강한 긍정적 정서, 헌신, 때로는 희생까지도 포함하는 개념이며, 다른 사람과 친밀한 관계를 형성하고 유지할 수 있는 능력을 의미한다. 또한, 다른 사람의 사랑을 받아들이고 안정적인 애착관계를 형성·유지할 수 있는 능력이나, 다른 사람을 안쓰럽게 여기는 능력도 여기에 포함된다(Peterson & Seligman, 2004).

② 심리적 특성

심리학적으로 볼 때, 사랑의 심리적 특성을 설명하기에 가장 도움이 되는 것은 '애착이론(Attachment theory)'이라고 볼 수 있을 것이다. 애착이론은 개인이 경험하게 되는 인간관계의 양상을 영아기 시절의 주 양육자와의 관계 양상을 통해 설명하고자 한 심리학 이론이다. 애착이론에 따르면, 유아기에 주 양육자와 안정적인 애착을 형성한 아이들은 성장한 이후에도 다른 사람들과의 관계를 형성하고 유지하는 데 있어 보다 적응적인 경우가 많다(이장호 외, 2005; 천성문 외, 2015). 이는 개인이 가장 일찍부터 경험하게 되는 사랑의 형태라고 할 수 있는 부모와 자녀 간의 사랑이 가지는 영향력을 나타내는 것이라고 할 수 있을 것이다.

유아와 주 양육자 간에 형성되는 정서적인 유대인 애착은 아동기의 낯가림이나 분리불안, 사회적 활동 수준에 영향을 미치며, 이러한 영향은 청소년기와 성인기까지 이어져 개인의 대인관계 및 애정관계의 양상에도 영향을 미친다(윤가현 외, 2019). 또한, 성인기에 안정된 애착유형을 형성한 사람들은 그렇지 않은 경우에 비해 자신감, 활동성, 안정성, 사회성이 높으며, 신경증적 경향이나 정신장애 수준, 반사회적 성향은 낮은 것으로 알려져 있다. 또한, 스트레스 상황을 마주했을 때 사회적인 지지를 보다 잘 추구할 있는 것으로도 알려져 있다(김광은, 2004).

사랑의 강점을 가진 사람들은 다음과 같은 이야기에 동의하는 것으로 알려져 있다(Peterson & Seligman, 2004).

(1) 함께 있으면 자연스러운 나 자신이 될 수 있는 누군가가 존재한다.
(2) 나를 도와주고 응원해 줄 수 있는 누군가가 있다.
(3) 오랜시간 동안 떨어져 있고 싶지 않은 누군가가 있다.
(4) 그 사람을 위해 내가 거의 모든 것을 해 줄 수 있는 누군가가 있다.
(5) 나 자신의 행복만큼 그 사람의 행복도 중요하다고 느끼는 누군가가 있다.
(6) 나의 삶의 복지를 위해 헌신해 주는 사람이 있다.
(7) 육체적으로 다정한 관계인 사람이 있다.
(8) 내가 열정을 가지는 사람이 있다.

③ 촉진요인과 억제요인

앞서 언급한 바와 같이, 사랑의 심리적 특성을 설명하기에 가장 용이한 이론은 '애착이론(Attachment theory)'이라고 할 수 있을 것이다. 그 형태와 양상이 다양한 만큼, 사랑 자체를 촉진하거나 억제하는 요인을 모두 나열하는 것에는 어려움이 있지만, '애착'의 개념을 토대로 '사랑'을 촉진하거나 억제할 수 있는 요인을 생각해 볼 수 있다.

애착에 대한 연구를 살펴보면, 영유아기에 주 양육자가 유아의 요구에 신속하고 따듯하며, 일관적으로 반응하는 경우 안정애착을 형성할 가능성이 높은 것으로 알려져 있다. 반대로, 주 양육자가 유아의 요구에 둔감하거나 일관성이 없는 반응을 나타내는 경우 유아는 불안정한 애착을 형성하는 것으로 나타난다. 이는, 주 양육자의 반응성과 일관성이 간접적으로 사랑의 촉진 혹은 억제 요인으로서 작용할 수 있다는 것을 시사한다.

하지만, 우리가 되돌릴 수 없는 유아기의 경험만이 사랑의 촉진 혹은 억제요인으로 작용하는 것은 아니다. 애착유형은 쉽게 변화하지 않는 특성으로 알려져 있지만, 변화가 불가능한 것은 아니다. 대표적으로, 성인기에 긍정적인 인간관계(친구, 동료, 연인 등)를 통해 안정적인 애착을 형성하거나, 심리치료프로그램 등을 통해 부정적인 상호작용 패턴을 축소시키고 긍정적인 상호작용 패턴을 확대해 나가는 경우 긍정적인 변화를 얻을 수 있는 것으로 알려져 있다(Peterson & Seligman, 2004). 이는 우리가 사랑의 성격강점을 더 계발해 나갈 수 있다는 것을 의미한다.

④ 증진방안

그렇다면, 사랑의 강점은 어떻게 계발하고 증진시킬 수 있을까? 사랑은 다른 사람과 친밀한 관계를 형성하고 유지하며, 호의를 받아들이고 안정적인 관계를 유지할 수 있도록 도와주는 강점인 만큼 이를 증진시키고 계발해 나가는 것은 우리의 삶의 질을 높여줄 수 있을 것이다.

Rashid와 Anjum(2005)는 다음과 같은 방법을 통해 사랑을 증진시킬 수 있다고 제안하고 있다.

- **사랑의 증진 방법**(권석만, 2011 재인용)
  - (1) 다른 사람이 나를 칭찬해 주면 어색해 하거나 주저하기보다 '고맙다'라고 표현하며 칭찬을 받아들이는 연습을 한다.
  - (2) 사랑하는 사람들에게 나의 사랑을 표현하는 간단한 메모를 작성해 본다. 그리고 그것을 볼 수 있는 곳에 둔다.
  - (3) 가장 친한 친구가 정말 좋아할 수 있는 일을 해 본다.
  - (4) 사랑하는 사람에게 적극적으로 언어적·비언어적인 표현을 하는 것을 통해 무조건적인 사랑을 경험해 보도록 한다.
  - (5) 키스나 포옹과 같은 신체적인 접촉을 통해 사랑을 표현해 본다.
  - (6) 사랑하는 사람의 행동보다 그 안에 내재된 동기에 집중해 본다.
  - (7) 사랑하는 사람의 강점을 찾고 이를 높이 평가해 준다.
  - (8) 나와 사랑하는 사람의 강점을 모두 축하할 수 있는 시간(데이트 등) 약속을 잡는다.
  - (9) 선물을 통해 사랑을 표현해 본다. (가능하면 선물을 직접 만들어 보는 것도 좋다)
  - (10) 서로에게 중요한 날이나 중요한 일이 생기면 꼭 축하해 준다.
  - (11) 내가 중요하게 생각하는 사람들을 초대해서 저녁식사(등)를 대접하는 계획을 세워본다. (등)

(2) 친절(Kindness)

① 이론적 정의

친절은 다른 사람들에게 호의를 보이고, 그들의 복지에 관심을 가지며, 선행을 베풀고, 돕고 보살피는 행동 경향을 의미하며, '관대함(Generosity)', '양육

(Nurturance)', '돌봄(Care)', '동정심(Compassion)', '이타적인 사랑(Altruistic love)'과 밀접한 관련을 가지는 강점이다.

친절의 강점은 잘 모르는 사람(예를 들어, 어린 아기를 안고 있는 젊은 엄마에게 버스나 지하철의 자리를 양보하는 등)과의 관계에서부터 가까운 사람(예를 들어, 가까운 친척이나 가족에게 골수나 장기를 기증하는 등)과의 관계까지 다양한 상황에서 발휘될 수 있으며, 별 다른 노력이 필요하지 않은 경우에서부터 많은 노력이 필요한 경우(예를 들어, 박해받는 사람을 돕는 등)에도 발휘될 수 있다(Peterson & Seligman, 2004). 이러한 친절은 매우 생산적인 강점이며, 개인의 수준을 넘어서 가족이나 사회, 심지어는 다음 세대의 안녕을 위해 배려하고 보살피는 것으로서 사회의 안정과 발전에도 기여할 수 있는 성격강점이라 할 수 있을 것이다(권석만, 2008).

② 심리적 특성

친절은 자기 자신의 이익이나 유용성에 관련된 경우에만 다른 사람들에게 관여하는 독아론(Solipsism)적인 행동과는 대조되는 개념으로서, 자기 자신의 이익을 위한 것이 아닌 공리적인 이유에 관심을 두고 이를 행하는 특성을 의미한다. 즉, 친절성은 자기 자신의 이익이나 다른 사람에 대한 의무감에서 기인하는 존중과는 다르다고 할 수 있다. 또한, 친절성은 비교적 안정적인 심리적 특성으로 여겨지고 있으며, 유전적인 영향도 존재하는 것으로 알려져 있다(Peterson & Seligman, 2004).

Peterson과 Seligman(2004)은 친절의 강점을 가진 사람들이 다음과 같은 이야기에 동의할 것이라고 제안하고 있다.

(1) 다른 사람들도 나 자신만큼 중요하다.

(2) 모든 인간은 동등한 가치를 지니고 있다.

(3) 따뜻하고 너그러운 행동을 하는 것은 다른 사람들에게 기쁨과 안심을 느끼게 해 줄 수 있다.

(4) 받는 것보다 주는 것이 더 중요하다.

(5) 다른 사람을 위해 사랑과 친절을 베푸는 것이 삶을 잘 살아가는 가장 좋은 방법이다.

(6) 나는 내가 좋아하는 사람들뿐 아니라 좋아하지 않는 사람들도 챙긴다.

(7) 나는 우주의 중심이 아닌 인류의 일부라고 생각한다.

(8) 고통받는 사람들에게는 연민이 필요하다.

(9) 도움이 필요한 사람들은 보살핌을 받아야 한다.

(10) 가족과 친구뿐만 아니라 모두를 돕는 것이 중요하다고 생각한다.

③ 촉진요인과 억제요인

개인이 가진 친절은 다양한 심리 환경적 요인에 의해서 촉진되거나 억제될 수 있다. Peterson과 Seligman(2004)은 친절에 영향을 미칠 수 있는 요인으로서 '공감과 동감(Empathy/Sympathy)'과 '도덕적 추론(Moral Reasoning)', '사회적 책임감(Social Responsibility)'을 제시하고 있다.

공감과 동감은 다른 사람의 정서를 느끼고 공감할 수 있도록 해주며, 개인은 이를 통해 친절한 행동을 촉진시킬 수 있다. 도덕적 추론능력 역시 다른 사람들의 요구에 초점을 맞추고, 이타적인 행동을 더 많이 하게 함으로써 친절성을 촉진시키는 것으로 알려져 있다. 또한, 사회적 책임감이 높은 사람들은 개인이 낯선 사람들이나 이웃을 포함한 다른 사람들의 복지를 돌볼 윤리적인 책임이 있다고 믿으며, 이로 인해서 더 많은 친절행동을 할 수 있도록 촉진하는 것으로 알려져 있다(Peterson & Seligman, 2004).

④ 증진방안

친절은 다른 사람들에게 호의를 보이고, 그들의 복지에 관심을 가지며, 돕고 보살피는 행동 경향으로서, 친절한 행동 자체를 통해 다른 사람들뿐 아니라 자기 자신의 행복도 증진할 수 있는 성격강점이라는 점에서 가치가 크다. 또한, 사회 경제적 양극화가 점차 커져가고 있는 지금과 같은 시대에 특히 주목받아 마땅한 성격강점이라고 할 수 있을 것이다. Rashid와 Anjum(2005)는 친절성을 증진시킬 수 있는 방법으로서 다음과 같은 행동들을 제안하고 있다.

- **친절의 증진 방법**(권석만, 2011 재인용)

(1) 병원이나 요양원 등에 있는 누군가를 방문하고 위로한다.

(2) 운전자라면, 운전을 할 때 보행자에게 양보하고, 반대로 보행을 할 때는 운전자에게 양보해 본다.

(3) 친구나 가족들을 위해 매주 세 가지의 다른 친절한 행동을 해 본다.

(4) 모르는 사람을 위해 매주 한 가지의 친절한 행동을 해 본다.

(5) 정기적으로 헌혈의 집을 방문하여 헌혈을 한다.

(6) 친구에게 저녁식사를 대접해 본다.

(7) 이메일이나 편지를 쓸 때, 전화나 SNS 등을 사용할 때 좀 더 친절하고 부드럽게 말하고 표현하고자 노력해 본다.

(8) 사랑하는 사람을 위해서 요리를 해 본다.

(9) 내가 가진 물건을 다른 사람들을 위해 공유해 본다.

(10) 꼭 필요하지 않은 소유품은 기부한다.

(11) 다른 사람들에게 웃으며 인사한다. (등)

(3) 사회성(Social Intelligence)

① 이론적 정의

사회성 혹은 사회적 지능이라고 번역되는 이 성격강점은 자신과 타인의 행복과 직접적으로 관련된 동기나 감정, 기타 심리적인 상태에 대한 정보를 잘 지각하고 처리하는 지능이라는 의미에서 사회적 지능이라고 표현할 수 있다.

사회성의 강점은 다른 사람들과의 관계 안에서 나타나는 강점으로서, 이러한 강점을 가지고 있는 사람들은 다른 사람들과의 관계를 잘 해 나가는 역량을 가지고 있으며, 사람들을 잘 설득하고 동기를 부여한다. 또한, 뛰어난 상황 판단능력으로 적절하게 잘 처신할 수 있는 능력을 보여주기도 한다. 이러한 특성은 대인관계를 원활하게 만들어 줄 수 있기 때문에, 현대 사회를 살아가는 우리에게 있어 중요한 성격강점으로서 여겨지고 있다. 또한, 사회성(혹은 사회적 지능)에는 일반적인 지능의 요소와 대인관계 영역에 관한 요소가 함께 존재하기 때문에, 일반적인 지능과 유사한 부분이 존재하는 것은 사실이지만 서로 다른 개념이라는 점을 기억해 둘 필요가 있다(Peterson & Seligman, 2004).

② 심리적 특성

Peterson과 Seligman(2004)은 사회성에 대해 설명하면서, 개인의 행복이나 생존과 직접적인 관련이 있는 동기나 느낌 등의 영역에 해당하는 정보(Hot Imformation)를 잘 처리하는 지능(Hot Intelligence)이라는 묘사를 사용한다. 이러한 지능은 위와 같은 정보 영역에서 추상적인 추론을 잘 수행할 수 있는 능력과 관련이 있으며, 사물 간의 유사점과 차이점 등을 이해하고, 패턴을 인식하고, 다른 관계를 살펴볼 수 있는 능력이다. 이는 개인지능(Personal Intelligence), 사회지능(Social Intelligence), 정서지능(Emotional Intelligence) 영역을 포함하고 있다.

사회성(사회적 지능)은 비교적 최근에 와서야 일반적인 지능과 구별될 수 있다고 입증되었기 때문에 관련된 연구가 충분하지 않은 편이지만, Peterson과 Seligman(2004)이 제시한 바에 따르면 이러한 지능(Hot Intelligence)이 높은 사람들은 다음과 같은 특정한 작업들을 잘 수행할 수 있는 특성을 가지는 것으로 알려져 있다.

(1) 얼굴이나 목소리, 디자인 등에서 정서적인 내용을 잘 식별한다. (정서지능)
(2) 정서적인 정보를 활용하여 인지적인 활동을 촉진시킨다. (정서지능)
(3) 관계와 관련된 감정이 시간에 따라 어떻게 변화하는지, 그리고 서로 어떻게 조화를 이룰 수 있는지 잘 이해한다. (정서지능)
(4) 정서를 잘 이해하고 조절한다. (정서지능)
(5) 다양한 과업들에서 개인의 성과를 정확하게 평가할 수 있다. (개인지능)
(6) 자신의 감정과 기분을 정확하게 평가할 수 있다. (정서지능, 개인지능)
(7) 자신의 동기를 정확하게 평가할 수 있다. (개인지능, 사회지능)
(8) 사회적인 정보를 활용하여 다른 사람의 협력을 얻을 수 있다. (사회지능)

③ 촉진요인과 억제요인

사회성은 다른 사람과의 사회적인 관계 안에서 발휘되는 강점인 만큼 개인 내부 혹은 외부적인 요인으로 인하여 촉진되거나 억제될 수 있다고 추측된다. 하지만, 앞서 언급한 바와 같이 사회성(혹은 Hot Intelligence)에 대한 연구는 아직 부족한 편이며, 촉진요인과 억제요인에 대한 정보가 부족하다. 다만, 사회성과 관련이 있는 요인들에 대한 연구결과들은 다음과 같은 상관관계 – 촉진 혹은 억제하는지는 명확히 증명되지 않았지만, 관계가 있다는 것은 밝혀짐 – 를 제시하고 있다. 우선, 사회성이 높은 사람들은 사회적 상황에서 보다 적응적인 판단을 내리는 경우가 많으며 높은 사회적 기능을 보이는 것으로 알려져 있다. 또한, 타인의 정서에 대한 이해 능력이 높을수록 보다 사회성(Hot Intelligence)이 잘 발휘되는 것으로 알려져 있다(Peterson & Seligman, 2004).

④ 증진방안

사회성은 자신과 타인의 행복과 직접적으로 관련된 동기나 감정, 기타 심리적인 상태에 대한 정보를 잘 지각하고 처리할 수 있는 성격강점으로서, 대인관계의 중요성이 주목받는 현대사회에서 꼭 필요한 강점이라 할 수 있을 것이다.

Rashid와 Anjum(2005)은 사회성을 증진시키는 방법(정서지능 및 사회지능을 증진시키는 방법)으로서 다음과 같은 행동들을 제안하고 있다.

- **정서지능 및 사회지능 증진 방법**(권석만, 2011 재인용)

(1) 누군가 다른 사람이 편안함을 느낄 수 있도록 해 준다.

(2) 친구나 가족이 괴로움을 느낄 때를 알아차리고, 그들을 격려해 준다.

(3) 어떤 사람이 나를 화나게 한다면, 복수를 생각하기보다 그 사람의 의도를 이해해 보려고 노력한다.

(4) 적극적인 관찰자로서 사회적으로 불편한 상황을 관찰하고, 어떠한 판단 없이 관찰한 바를 기록해 보도록 한다.

(5) 4주 동안 매일 자신이 느끼는 감정 5가지를 기록하고 패턴을 점검해 본다.

(6) 좋아하는 TV프로그램이나 영화를 '음소거' 상태로 감상해 보고, 그 느

깜을 관찰해 적어본다.

(7) 가까운 사람들에게 자신이 그들을 정서적으로 이해해 주지 못했던 적이 없는지 물어보고, 이해할 수 있는 방법을 알려달라고 해 본다.

(8) 다른 사람의 말을 무조건적인 존중심을 가지고 경청해 본다.

(9) 자신의 친구들 가운데 가장 공감을 잘 하는 친구를 찾아보고 그 친구의 행동을 가까이에서 관찰해 본다.

(10) 친밀한 관계인 사람에게 내가 원하는 것과 필요로 하는 것에 대해 솔직하고 직접적으로 이야기해 본다. (등)

4) 정의감(Justice)

VIA 분류체계에서 제시하는 네 번째 미덕인 '정의감'은 사회 공동체 안에서 집단 활동을 조직화하고, 공평함과 평등을 실현하는 데 중요한 역할을 하는 덕목이다. 이 미덕은 개인과 개인 혹은 그룹, 공동체 사이의 최적의 상호작용과 관련된 광범위한 대인관계상의 강점을 포함하고 있다.

정의감에 미덕 안에 포함되는 강점은, 자신이 속한 집단을 보다 잘 유지할 수 있도록 도와주는 '시민의식', '공정성', '지도력'이다. 현대에 들어 우리가 사회에서 접하게 되는 그룹의 크기가 점차 축소되고 있으며, 이에 따라 정의의 미덕도 개인과 개인 간의 강점에 가까워지고 있지만, 그럼에도 불구하고 정의감의 미덕과 사랑과 인간애의 미덕과는 유의한 차이가 존재한다는 사실을 기억할 필요가 있다(Peterson & Seligman, 2004).

(1) 시민의식(Citizenship)

① 이론적 정의

시민정신은 자신이 속한 집단의 이익을 추구하고자 하는 책임의식과 이를 위해 노력하는 태도를 의미한다. 이 성격강점은 자기 자신의 이익에 대한 추구도 포함하고 있지만, 개인의 이익을 초월하여 가족이나 아파트, 학교, 지역사회, 민족, 때로는 전 인류 등과 같이 보다 넓은 범위에서 집단에 속한 모든 사람의 공동적인이익을 추구하고자 하는 태도와 책임감 있는 행동으로서 발현된다.

이 성격강점은 상황과 맥락에 따라 '사회적 책임(Social responsibility)'이나, '충성심(Loyalty)', '팀워크(Team-work)' 등으로 불리기도 하며, 이러한 강점을 가진 개인은 사명감이 강하고, 자기 자신의 이익보다는 집단의 이익을 중요시하며 친구나 동료에게 충실하기 때문에 좋은 친구, 동료로서 받아들여지곤 한다 (Peterson & Seligman, 2004).

② 심리적 특성

Peterson과 Seligman(2004)에 따르면, 시민의식, 사회적 책임, 충성심, 혹은 팀워크로도 불리는 이 성격강점을 가지는 사람들은 자기 자신뿐 아니라 공동체에 속하는 다른 사람들의 이익을 추구하고자 하는 의무감과 동질성을 강하게 느끼며, 자기 자신의 부담이 늘어나더라도 이를 버리지 않는다. 이러한 심리적 특성은 지역사회 안에서 투표에 대한 참여, 기부, 자원봉사, 정치에 대한 관심과 항의 등의 행동으로서 발현되기도 한다.

이러한 가치관을 가지는 사람들은 공통적으로 개인적인 이익보다는 공공의 이익을 중요시하며, 다음과 같은 이야기에 동의할 것이다.

(1) 나는 내가 살아가고 있는 세상을 보다 좋은 세상으로 만들어야 하는 책임을 가지고 있다.
(2) 모든 사람들은 자기 자신이 살아가는 동네나 나라를 위해서 자신의 시간을 할애해야 한다.
(3) 나는 개인적으로 사회적·경제적 불평등을 해소하기 위해 노력하는 것이 중요한 일이라고 생각한다.
(4) 나는 개인적으로 어려운 사람들을 도와주는 것이 중요하다고 생각한다.
(5) 나는 개인적으로 환경보호(환경정화)를 위한 프로그램에 참여하는 것이 중요한 일이라고 생각한다.

③ 촉진요인과 억제요인

시민의식은 개인 경험하는 환경이나 가치관 등에 의해서 촉진 혹은 억제될 수 있는 것으로 알려져 있다. Peterson과 Seligman(2004)은 시민의식에 대한 기존 연구들을 통해서 청소년기의 자발적인 공동체 활동이나 교과 학습 외의 활동에 대한 참여가 시민의식을 촉진시킬 수 있을 것으로 제안하고 있다. 이러한 활동에는 사회적인 문제나 정치적인 문제에 대한 관심이나 참여, 시사적인 내용을 토론하는 토론회 참여 등이 포함된다.

이러한 활동들은 대부분 형식적이지 않은 학습 분위기와 평등주의에 근거한 조직 구조, 그리고 청소년들이 스스로 행동을 결정하고 이를 책임지는 경험을 제공할 수 있다는 특징을 가지고 있으며, 이러한 요소들이 시민의식을 촉진 혹은 억제시킬 수 있는 요인으로서 작용할 수 있다.

④ 증진방안

시민정신은 자신이 속한 집단의 이익을 추구하고자 하는 책임의식과 태도로서, 개인의 이익을 초월하여 보다 넓은 범위에서 공동체에 속한 모든 사람의 이익을 추구하는 태도와 행동이다. 이는 개인이 자신의 현재 위치에서 자신의 책임을 다 할 수 있도록 하며, 사회를 유지하고 보다 긍정적인 방향으로 변화시켜나갈 수 있는 중요한 성격강점이라는 점에서 가치가 크다. 또한, 이러한 성격강점을 발휘하는 개인은 공동체 안에서 좋은 친구, 동료로서 받아들여지는 만큼 개인적인 측면에서도 의미가 있다.

Rashid와 Anjum(2005)는 이 성격강점을 증진시킬 수 있는 실천적인 방법으로서 다음과 같은 행동들을 제안하고 있다.

- **시민의식의 증진 방법**(권석만, 2011 재인용)

(1) 공동체 차원의 일에 대해서 할 수 있는 한 최선을 다해서 협력하려고 노력한다.

(2) 매일 5분의 시간을 할애하여 길거리의 쓰레기를 치우는 활동을 한다.

(3) 자원하여 자선단체나 봉사단체의 일을 돕는다.

(4) 집단 토의를 촉진하고 갈등의 대상이 되는 이슈에 대한 합의를 이끌어 낸다.

(5) 매달 한 번은 사회적 문제를 다루는 집회에 참석해 본다.

(6) 매주 30분 정도의 시간을 할애하여 공공장소를 청소하는 활동을 한다.

(7) 공공장소를 꾸미거나 장식하는 활동을 한다.

(8) 정기적으로 누군가를 차에 태워주거나 카풀을 해 본다.

(9) 이웃을 위해 쓰레기나 눈을 치우는 활동을 한다. (등)

(2) 공정성(Fairness)

① 이론적 정의

공정성은 개인의 감정이나 다른 사람에 대한 편견 등에 대한 개입 없이 모든 사람들을 비슷하거나 같은 방식으로 공평하게 대하는 것을 의미한다. 이는 모든 사람에게 공정한 기회가 제공되어야 하고, 동일한 규칙이 모두에게 평등하게 적용되어야 한다는 생각과 태도를 포함하는 개념이다(Peterson & Seligman, 2004).

이 성격강점은 그 자체로서 '도덕적인' 가치를 가지며, '정의'의 미덕에 부합하는 강점이라고 할 수 있다. 공정성은 사회에서 일어날 수 있는 불공평하고 부당한 일들(예를 들어, 개인의 능력이 아닌 학연, 지연, 파벌, 인종, 출신국가 등에 따라 선발결과가 정해지는 등)이 도덕적인 지탄을 받게 함으로써 정의롭지 못한 행동을 방지하는 역할을 하기 때문이다(권석만, 2008).

하지만, 공정성을 어떠한 기준으로 판단할 것인지에 대해서는 다소 논의가 필요하다. 예를 들어, A와 B라는 사람이 같은 분량의 일을 하고 같은 분량의 보수를 받았다면 우리는 이러한 상황에 대해 '공평하다'라고 느낀다. 하지만, 만약 A에 비해서 B가 더 많은 보수를 필요(need)로 하는 상황(예를 들어, 자기 자신의 노력과는 관계없이 보다 열악한 지역, 가정환경 등에 처해있고 동일한 기회를 제공받지 못하는 등)에 있다면 어떨까? 결과가 모두에게 '공평'하게 돌아오는 것과 '같은 출발선'상에서 출발할 수 있도록 '형평성'을 추구하는 것 중 어떠한 것이 진정한 '공정성'이라고 할 수 있을까? 바로 이러한 논의가 Adams(1963) 등의 학자들이 공정성에 대한 초기 이론을 제시한 이래 지속적으로 논란이 되고 있는 부분이다. 공정성에 대한 연구 초기에는 '공평성'과 '형평성'이 동일한 개념으로서 취급되었지만, 연구가 지속되면서 두 개념이 서로 상이한 개념이라는 것이 밝혀졌다. 공정성이 개인의 '도덕적인 추론능력'과 관련되는 강점인 만큼, 이에 대한 논의를 여기에서 정리하는 것에는 어려움이 있지만, '공평성'과 '형평성'의 개념에 대한 자신의 생각을 정리해 보는 과정은 이 성격강점을 이해하는 데 있어 중요하다고 볼 수 있을 것이다.

② 심리적 특성

Peterson과 Seligman(2004)은 공정성이 개인의 도덕적인 판단의 산물이라고 설명하고 있다. 이는 도덕적으로 옳은 것과 잘못된 것을 구분하고, 도덕적인 행동을 수행할 수 있도록 해 주는 능력으로 이러한 능력이 잘 발달한 개인은 사회관계 안에서 공정성을 위해 헌신하고, 사회적 불의에 대해 민감해지며, 동정심을 가지고, 다른 사람에 대한 배려를 보다 잘 할 수 있다. 이 성격강점을 잘 발휘하는 사람들은 '책임감 있는 시민', '신뢰할만한 친구', '도덕적인 사람'으로 받아들여지며, 다음과 같은 이야기에 동의하는 것으로 알려져 있다.

(1) 모든 사람들은 각자의 몫을 받아야 한다고 생각한다.
(2) 사람을 이용(Use)하는 것은 바람직하지 않은 일이라고 생각한다.
(3) 누군가를 속이고 싶은 마음이 들더라도 아무도 속이지 않을 것이다.
(4) 나는 모두에게 친절하고자 노력한다.
(5) 모든 사람은 존중받을만 하다고 생각한다.
(6) 우리는 모두 함께라고 생각한다.
(7) 인간은 그 자체가 목적이다.
(8) 피부색으로 인해서 차별받아야 하는 사람은 아무도 없다.
(9) 자신의 행동에 대한 책임은 자신에게 있다.
(10) 사회에서 무엇인가가 옳은 것이라고 하더라도, 무엇이 옳은 행동인

지에 대한 나의 생각과 일치하지 않는다면 나는 그렇게 하지 않을 것이다.

③ 촉진요인과 억제요인

앞서 언급한 바와 같이, 공정성은 도덕적인 추론(혹은 정의에 대한 추론)과 관련되는 성격강점이다. 이 성격강점은 비교적 오랜 시간 동안 연구되어 왔으며, Piaget나 Kohlberg, Gilligan과 같은 학자들의 인지 및 도덕발달이론을 통해 설명되곤 한다. 도덕적 추론 능력은 인지적인 발달과 추론능력의 발달에 따라 촉진되는 것으로 알려져 있으며, 부모가 사용하는 양육방식이 일관적이고 민주적이며, 귀납적인 추론을 장려하는 형태일 때보다 촉진되는 것으로 알려져 있다. 또한, 도덕적인 문제에 대한 관심이나 토론을 장려하는 교육 환경도 이를 촉진시키는 것으로 나타난다(Peterson & Seligman, 2004).

④ 증진방안

공정성은 개인의 감정이나 다른 사람에 대한 편견의 영향 없이 모든 사람들을 공평하게 대할 수 있도록 해주는 성격강점이다. 이 성격강점은 도덕적인 가치를 가지며, 사회에서 일어날 수 있는 불공평하고 부당한 일들을 방지하는 역할을 하기 때문에 현대 사회에서 꼭 필요한 강점이라고 할 수 있다.

Rashid와 Anjum(2005)는 이러한 공정성을 증진시킬 수 있는 방안으로 다음과 같은 행동들을 제시하고 있다.

- **공정성 증진 방법**(권석만, 2011 재인용)

(1) 적어도 하루에 한 번 이상 자신의 실수를 인정하고 그것에 대한 책임의식을 느껴본다.

(2) 적어도 하루에 한 번 이상 내가 싫어하는 사람의 장점을 생각해 본다.
(3) 다른 사람이 주장할 때 중간에 간섭하지 않고 끝까지 경청한다.
(4) 모임에서 소외된 사람들을 격려하고, 사람들의 동등한 참여를 격려한다.
(5) 인간평등 홍보하고 가르치는 활동 단체에 가입하거나 지원한다.
(6) 스스로 공정하지 못했던 경우를 기억하고 기록해 본다. (다음 기회에는 공정한 행동을 할 수 있도록 방법을 모색해 본다)
(7) 자신이 나와 다른 사회 문화적 배경을 지는 사람들을 편견 없이 대하고 있는지 스스로 검토해 본다.
(8) 사회 정의에 관한 이슈에 대하여 생각을 발표하거나 원고를 작성해 본다.
(9) 전 세계에서 인권이 침해되고 있는 상황에 대하여 알아보고, 이와 관련해서 사회정의를 실천할 수 있는 방법을 생각해 본다.
(10) 공정성, 사회적 정의, 공평성에 대한 다큐멘터리나 영화를 시청한다. (등)

(3) 지도력(Leadership)

① 이론적 정의

지도력 혹은 리더십은 집단을 조직하고 집단 활동이 잘 유지될 수 있도록 관리하는 능력을 의미한다. 이 성격강점을 잘 발휘하는 사람들은 '조직원들이 그들이 해야 할 일들을 잘 수행할 수 있도록 하는 것'과 '조직원이 높은 사기 수준을 유지하고 좋은 관계를 만들고 유지할 수 있도록 하는 것'의 두 가지 영역에서 능력을 발휘한다. 이러한 역할은 대부분의 상황에서 조직의 활동을 촉진시키고 생산성을 높일 수 있는 것으로 알려져 있다(Peterson & Seligman, 2004).

Petseson과 Seligman(2004)은 성격강점으로서의 지도력을 이야기하면서, 조직학에서 이야기하는 '변혁적 리더(Transformational Leader)'의 개념을 사용한다. 변혁적 리더십은 이전의 리더십 유형에서 기초가 되었던 '상호적 교환 관계'에 기초하여 조직을 이끄는 것이 아닌 '리더 자신의 가치관과 특성'을 통해 조직 구성원들이 목표를 향해 움직일 수 있도록 그들의 지각이나 기대, 동기 수준을 변화시키는 방식으로 작동한다. 다시 말해, 지도력의 성격강점은 이를 발휘하는 개인의 성격이나 기질과 같은 자질을 통해 조직 구성원이 보다 효율적으로 목표를 달성할 수 있도록 하는 능력이라고 볼 수 있다.

② 심리적 특성

Peterson과 Seligman(2004)에 따르면, 지도력의 성격강점을 가지는 개인은 다른 사람들에게 영향을 미치고 도움을 제공하는 것에 대한 관심을 가지고 있으며, 다른 이들의 행동을 지시하고 동기를 잘 부여할 수 있는 인지적·기질적인 특성을 가지고 있는 것으로 알려져 있다. 따라서, 이러한 특성을 가진 개인은 사람들과의 관계 안에서 지도자의 역할을 하고 싶어 하며, 비교적 어려움 없이 다른 사람들의 활동을 관리할 수 있다.

지도력을 잘 발휘하는 개인은 독립성, 자기주장성, 판단력, 자신감 등과 같은 특질을 가지고 있는 것으로 알려져 있으며, 인지적인 능력이나 업무와 관련된 지식, 정직성, 성실성, 스트레스 저항 능력, 사회적 권력 추구 성향 등의 특성과도 관련이 있는 것으로 알려져 있다(권석만, 2008).

지도력의 강점을 가지는 사람들은 다음과 같은 이야기에 동의할 것이다(Peterson & Seligman, 2004).

(1) 나는 그룹에서 리더의 역할을 맡는 것을 선호한다.

(2) 나는 그룹을 위한 행동 방침을 계획할 수 있다.

(3) 나는 다른 사람들이 특정한 방향으로 움직일 수 있도록 동기를 부여할 수 있다.

(4) 나는 다른 사람들이 더 효과적으로 협업할 수 있도록 그들을 조직할 수 있다.

(5) 사람들은 보통 내가 복잡한 문제를 해결하는 데 도움을 줄 수 있을 것이라 생각한다.

(6) 사람들은 보통 나에게 갈등을 해결하거나 그룹을 유지하는 역할을 기대한다.

(7) 나는 종종 그룹의 대변인 역할을 하곤 한다.

(8) 나는 사회적인 상황에서 주도권을 잡는 경우가 많다.

(9) 나는 위급한 상황에서 책임을 넘겨받곤 한다. (위급한 상황을 극복할 수 있는 역할을 기대 받는다)

③ 촉진요인과 억제요인

지도력은 그 결과의 유용성이나 뛰어난 지도자의 특성과 관련해서 많은 연구가 이루어지고 있는 분야이다. 하지만, 이에 비해서 지도력이 어떻게 발달하게 되는지에 대한 연구는 부족한 편이라고 할 수 있을 것이다.

알려진 바에 따르면, 지도력은 유아기부터 청소년기, 성인기를 거치는 동안 비교적 일관성 있게 나타나는 특성으로 알려져 있다. 어린 시기에 경험한 부모와의 관계가 영향을 미치는 것으로 보이며, 부모가 사회성이 높고 리더십을 가지고 있는 경우에 더욱 촉진되는 것으로 추정된다. 또한, 지도력을 높이기 위한 계획적인 개입(예를 들어, 리더십 향상 프로그램 등)을 통해서도 일부 촉진되는 것으로 알려져 있다. 하지만, 이러한 프로그램을 통한 촉진은 관리 기술이나 통솔 기술과 같은 '기술(Skill)'적인 측면을 촉진시키는 경우가 많으며, 충분한 장기 훈련이 제공되지 못하는 경우가 많기 때문에 성격강점으로서 나타날 수 있는 개인의 '자질'측면을 촉진시킨다고 보기에는 다소 어려움이 있다(Peterson & Seligman, 2004).

④ 증진방안

지도력은 집단을 조직하고 집단 활동이 잘 유지될 수 있도록 하며, 조직의 활동을 촉진시키고 생산성을 높여 목표를 달성할 수 있도록 하는 능력이라고 볼 수 있다. 이는 개인과 개인이 소속된 집단 모두의 성과를 높인다는 측면에서 현대 사회에서 주목받고 있는 성격강점이다.

Rashid와 Anjum(2005)은 이 성격강점을 증진시킬 수 있는 실천적인 방법으로서 다음과 같은 행동들을 제안하고 있다.

- **지도력의 증진 방법**(권석만, 2011 재인용)
  - (1) 친구들을 위한 사교적인 모임을 주선해 본다.
  - (2) 내가 속한 그룹이 어려움을 겪고 있는 과제에 대해서 책임감을 가지고 그것이 잘 해결될 수 있도록 노력해 본다.
  - (3) 활동이나 임무, 프로젝트 작업 등을 이끌어 보고, 그룹 구성원들의 의견을 적극적으로 유도해 본다.
  - (4) 어린 아이부터 조부모님까지의 전 세대를 아우르는 가족 모임을 만들어 운영해 본다.
  - (5) 일터에서 동료들과 함께 할 수 있는 이벤트(예를 들어, 깜짝 생일파티 등)를 기획하고 준비해 본다.

(6) 내가 좋아하는 리더에 대한 전기나 영화 등을 보고, 그러한 리더십을 어떻게 적용할 수 있을지 생각해 본다.
(7) 자신의 리더십 스타일을 개선하는 데 도움이 될 수 있다고 생각되는 방법을 찾아보고 목록을 작성해 본다. (등)

5) 절제력(Temperance)

VIA 분류체계에서 제시하는 다섯 번째 미덕인 '절제력'은 '지나침'으로부터 우리를 보호해주는 긍정적인 특성들을 분류하는 미덕이다. 이 미덕에 포함되는 강점들은 지나치게 되면 우리 자신에게 해가 될 수 있는 '미움'이나 '오만', '장기적인 손실을 부를 수 있는 단기적인 즐거움', '극단적인 정서' 등으로부터 우리를 보호하는 강점들이다. 절제력의 미덕 안에는 '용서', '겸손', '신중성', '자기통제력'의 강점이 포함되어 있다.

절제의 미덕에 속하는 성격강점들은 우리의 감정을 제한하고 중단시키는 것이라고 착각하기 쉽지만, 실제로는 오히려 우리의 긴장을 완화하고 적절하게 행동할 수 있도록 도와주는 강점이라는 사실을 기억할 필요가 있다(Peterson & Seligman, 2004).

(1) 용서(Forgiveness and Mercy)

① 이론적 정의

Peterson과 Seligman(2004)에 따르면, 용서는 미움의 감정으로부터 우리를 보호해 줄 수 있는 성격강점이다.

다른 사람에게 억울한 일을 당한 적이 한 번도 없다면 좋겠지만, 각자의 경험을 되돌아 볼 때 우리의 삶은 그렇지 않은 경우도 많다는 것을 알 수 있다. 억울한 경험을 하게 되었을 때, 우리는 분노하고 다른 사람을 미워하거나, 때로는 복수를 결심하기도 한다. 물론, 대부분의 경우 우리는 절제의 미덕을 발휘하여 부적응적인 선택을 하지 않을 수 있지만, 때로는 지나친 미움에 몸과 마음을 빼앗기는 경우도 있다. 만약 이러한 상황에서 부적응적인 선택을 하게 된다면, 우리는 여러 가지 어려움(예를 들어, 범죄 피의자가 된다거나 민사소송에 휘말리는 등)이나 심리적인 고통을 경험하게 될 수 있다.

용서는 바로 이러한 상황에서 우리 자신을 지킬 수 있도록 해주는 성격강점이며, 자신을 부당하게 상처 입힌 타인에 대한 분노와 보복 욕구를 내려놓고 관대함과 연민을 품을 수 있는 능력을 의미한다. 이 성격강점을 발휘하는 것은 매우 많은 노력을 필요로 하는 경우가 많으며, 일반적으로 용서하는 사람보다 용서받는 사람에게 매우 소중한 것으로 여겨지는 만큼 개인의 측면에서는 강점으로 작용하지 않는 것으로 오해하기 쉽다. 하지만, 용서는 용서를 하는 개인의 마음의 안녕에도 긍정적인 영향을 미치는 성격강점이라는 점을 기억할 필요가 있다(단, 과도한 용서는 공정성을 해칠 수 있기에 용서가 언제나 무제한적으로 긍정적인 효과를 발휘하는 것은 아니다).

② 심리적 특성

용서는 개인과 사회의 안녕과 관련이 있다고 알려진 다양한 심리적 특성들과 관련된 것으로 알려져 있다. 용서의 강점을 잘 발휘하는 사람들은 분노나 걱정, 우울, 적개심과 같은 부정적인 감정들의 수준이 낮은 것으로 알려져 있으며, 사회적으로 보다 긍정적인 태도와 적응적인 행동을 나타내는 것으로 알려져 있다. 또한 우호성이 높고, 신경증적인 성향이 낮은 것으로 알려져 있다(권석만,

2008).

Peterson과 Seligman(2004)은 용서를 다른 사람에게서 받은 불쾌감이나 피해에 대한 개인 내적인 감정을 적절하게 조절하는 것으로서 설명하고 있으며, '특정한 형태의 자비'라기보다는 친절이나 동정 또는 누군가에 대한 관용을 포함하는 보다 일반적인 개념으로서 묘사하고 있다. 또한, 용서에 대한 의지가 강한 개인은 다음과 같은 이야기에 동의할 것이라고 언급하고 있다.

(1) 누군가 나의 감정을 상하게 했을 때, 나는 그것을 빨리 극복하는 편이다.
(2) 나는 원한을 오랫동안 품고 있지 않는 편이다.
(3) 사람들이 나를 화나게 할 때, 그들에 대한 부정적인 감정을 극복할 수 있다.
(4) 복수를 하고자 하는 것은 우리가 문제를 해결하는 데 있어 도움이 되지 않는다고 생각한다.
(5) 과거에 나에게 상처를 줬거나 배신한 사람과의 관계라도, 이를 개선하기 위해 내가 할 수 있는 일을 하는 것이 중요하다고 생각한다.
(6) 나는 다른 사람이 나에게 해를 끼쳤다고 해서 상대방을 해치는 타입의 사람이 아니다.
(7) 나는 나에게 해를 끼친 사람에게 복수할 방법을 생각하면서 시간을 소비하는 타입의 사람이 아니다.

③ 촉진요인과 억제요인

용서는 개인 내적·외적 요인으로 인하여 촉진되거나 억제될 수 있는 것으로 알려져 있다. Peterson과 Seligman(2004)에 따르면, 상대의 입장을 고려하는 감정이입 능력이나 공감 능력이 높은 사람들은 그렇지 않은 사람들에 비해 잘 용서하는 것으로 알려져 있다. 또한, 가해자의 사죄 역시 용서를 촉진할 수 있으며, 피해자와 가해자의 관계가 보다 가깝고 친밀도가 높을 때, 헌신하는 관계일 때 더 기꺼이 용서하는 것으로 나타났다. 반면, 상대방으로 인한 피해가 크거나, 사건을 지속적으로 반추(다시 생각)하는 성향을 가진 경우에는 용서가 보다 어려워지는 것으로 알려져 있다.

④ 증진방안

용서는 미움의 감정으로부터 우리를 보호해 줄 수 있는 성격강점이며, 자신을 부당하게 상처 입힌 타인에 대한 분노와 보복에 대한 욕구를 내려놓고 관대함과 연민을 품을 수 있도록 해주는 능력이다. 이 성격강점은 다른 사람만을 위한 강점으로 오해하기 쉽지만, 용서를 하는 사람의 마음에도 긍정적인 영향을 미치는 가치 있는 강점이다.

Rashid와 Anjum(2005)는 이 강점을 증진시킬 수 있는 실천적인 방법으로서 다음과 같은 행동들을 제안하고 있다.

- **용서의 증진 방법**(권석만, 2011 재인용)

(1) 그날 경험한 분노 감정은 그날에 풀어버리고 오래 동안 마음속에 담아두지 않기 위해 노력한다.

(2) 분노를 느끼는 상황에 처하게 되면, 비록 그것이 정당한 분노라고 할지라도, 이를 상대방에게 직설적으로 표현하기보다 관계를 해치지 않을 수 있는 표현 방법을 찾아본다.

(3) 나에게 불쾌한 닐을 한 사람을 용서하는 '용서편지'를 써 보고(그것을 보내지는 않는다) 일주일 동안 매일 읽어본다.

(4) 자신이 누군가에게 잘못을 하고 용서를 받았던 때를 떠올려 본다. 이제 다른 사람에게도 이 선물을 주려고 해 본다.

(5) 누군가에 대한 용서를 하기 전과 후의 나의 감정을 평가해 본다.

(6) 나에게 상처를 준 사람의 관점에서, 그 사람이 나에게 왜 잘못을 저질렀는지를 이해하려고 노력해 본다. 그리고 나의 반응이 혹시 가해자 보다 오히려 나 자신에게 더 상처를 주지는 않았는지 생각해 본다.

(7) 과거에 나에게 잘못을 저질렀던 사람을 만나, 내가 그 사람을 용서했음을 표현해 본다. 그것이 어렵다면, 친절하게 대하려고 노력해 본다.

(8) 원한이 나 자신을 얼마나 고통스럽게 하는지 생각해 본다. 원한으로 인한 분노나 증오, 고통, 걱정, 슬픔, 불안, 질투 등과 같은 부정적인 감정들이 나의 삶에 미치는 영향에 대해서 적어본다. (등)

(2) 겸손(Humility and Modesty)

① 이론적 정의

Peterson과 Seligman(2004)에 따르면, 겸손은 자기 자신의 강점이나 성취에 대하여 절제된 평가를 하는 태도라고 할 수 있다. 겸손의 강점을 가지는 사람들은 사람들의 주목을 받고자 행동하거나, 자랑하지 않으며 자신의 실수와 부족한 부분을 인정한다. 이들은 자신의 성취를 통해 스스로를 표현하며, 자신의 성과에 대해서 과장하는 것을 원하지 않는다.

겸손의 성격강점은 '겸손(Humility)'과 '겸양(Modesty)'으로 번역될 수 있는 두 가지의 개념을 포함하고 있는데, 이는 매우 유사하지만 구분이 가능한 개념이다. '겸양'은 '겸손'에 비해 보다 외적으로 드러나는 특성으로서, 행동뿐만 아니라 옷을 입는 방식, 운전하는 방식, 집을 소유하는 것 등의 다양한 영역에서 나타나는 성향을 의미한다. 이에 비해 '겸손'은 보다 내적인 특성으로서, 개인이 가지는 스스로가 '우주의 중심이 아니다'라고 여기는 의식을 이야기한다. 다시 말해, 진정한 의미에서의 '겸손'이 없다면, 표면적으로 나타나는 '겸양'은 의미를 상실하게 된다. 이러한 관점에서, 성격강점으로서의 겸손은 '겸양'이 아닌 '겸손'을 이야기한다.

② 심리적 특성

겸손은 오만이라는 '지나침'으로부터 우리를 보호해 줄 수 있는 심리적인 강점이라고 할 수 있다. 하지만, 겸손은 개인이 가지는 내면적인 상태보다는 실질적으로 그 사람이 나타내는 행동을 평가해야 하기 때문에 통제된 환경에서 측정되기 어려운 부분이 많다. 이러한 이유로 인해서 겸손 자체에 대한 연구는 찾아보기 어려우며, 겸손의 반대 의미로서 인식되는 '자기애'에 대한 연구 결과를 통해 간접적으로 알아볼 수 있다(권석만, 2008). 이러한 연구 결과들은 겸손이 갈등의 확산을 방지하고, 다른 사람을 더 잘 용서할 수 있게 해주며, 정서적인 안정과 자기조절 능력을 향상시켜 줄 수 있는 특성을 가지고 있음을 시사한다.

한편 Peterson과 Seligman(2004)은 겸손의 강점을 가지는 사람들에 대해 다음과 같은 특징들을 제시하고 있다.

(1) 자신의 능력과 성과에 대한 정확한(평가절하하지 않는) 감각을 가진다.
(2) 자신의 실수나 불완전성, 지식의 격차나 한계 등을 인식하는 능력을 가진다. (흔히 진정 뛰어난 능력을 참조하여 자신의 한계 등을 인식한다)
(3) 새로운 아이디어나 자신의 생각과 모순되는 정보 및 조언에 대해서 개

방적인 태도를 가진다.

(4) 자신의 능력과 업적에 대해 한걸음 떨어져서 바라보는 시각을 유지할 수 있다.

(5) 자기 자신을 우선시 하지 않을 수 있는 능력이나 자기 자신에 대해 지나치게 초점을 맞추지 않을 수 있는 능력과 관련이 있다.

(6) 모든 사물에 대해서, 일반적인 가치뿐만 아니라, 사람과 사물이 세상에 기여할 수 있는 많은 방법들에 대하여 인식할 수 있다.

③ 촉진요인과 억제요인

Peterson과 Seligman(2004)은 겸손의 강점이 발현되기 위해서는 자기 자신에 대한 정체성의 확립이 필수적이라고 언급하고 있다. 같은 맥락에서, 자기 자신에 대한 정체성-자기정체감-확립을 촉진시킬 수 있는 요인들이 겸손을 촉진시킬 수 있는 것으로 사료된다. 따라서, 자기정체감을 촉진시키는 안정된 애착관계의 형성, 자아의식의 발달, 유아기부터의 적절한 독립성 발달, 새로운 경험에 대한 개방성, 의사결정 경험, 그리고 노년기에 이르러서 나타나는 자아통정 능력이 겸손을 촉진시킬 수 있는 것으로 알려져 있다.

반대로, 외모나 인기 등과 같은 외적인 요소에 대해 지나치게 강조하는 환경이나 적절하지 않은 지나친 칭찬과 비난, 다른 사람들이나 형제와의 부적절한 비교 등과 같은 양육태도는 겸손의 발달을 억제하는 것으로 나타난다(권석만, 2008).

④ 증진방안

겸손은 자기 자신의 강점이나 성취에 대하여 절제된 평가를 하는 태도로서, 이러한 강점을 가진 개인은 자신의 성과에 대해서 과장하지 않고 스스로의 한계를 잘 지각할 수 있다. 또한, 이 성격강점은 '오만'이라는 '지나침'으로부터 우리를 보호해 줄 수 있는 능력이라는 점에서도 가치가 있다.

Rashid와 Anjum(2005)는 이 성격강점을 증진시킬 수 있는 실천적인 방법으로서 다음과 같은 행동들을 제안하고 있다.

- **겸손의 증진 방법**(권석만, 2011 재인용)

(1) 하루 동안 자기 자신을 주장하거나 내세우는 말을 하지 않고 지내본다.

(2) 다른 사람들에게 주목받지 않을 만한 평범한 옷차림을 하고 지내본다.

(3) 친구가 나보다 더 잘하는 것들에 대해서 생각해 보고, 그것에 대해 친구를 칭찬해 본다.

(4) 일주일 동안 내가 성취한 것들을 정리하되, 그것을 자랑하지 않도록 해 본다. 그리고 그렇게 했을 때 나타나는 대인관계에서의 변화를 살펴본다.

(5) 매일 저녁마다 스스로 다른 사람들의 주목을 끌려고 했거나, 좋은 인상을 주고자 행동했던 적은 없었는지 생각해 보고, 앞으로 그렇게 행동하지 않도록 노력한다.

(6) 모임에서 다른 사람들보다 말을 더 많이 하지 않도록 신경 써 본다.

(7) 신뢰할 만한 친구에게 나의 약점에 대한 솔직한 피드백을 요청하고 들어본다.

(8) 실수가 있다면, 나의 실수를 인정하고 상대가 비록 나보다 어린 사람이라도 정중히 사과한다.

(3) 신중성(Prudence)

① 이론적 정의

Peterson과 Seligman(2004)은 신중성은 선택을 조심스럽게 함으로써 불필요한 위험에 처하지 않고, 나중에 후회할 만한 일이나 행동을 하지 않는 능력이라고 설명한다. 하지만, 사실 '신중성'이라는 단어 자체는 보는 관점에 따라 부정적인 성격특성으로 설명되기도 한다. 만약, 한 개인에 대하여 '소심하고 고지식하며, 지나치게 조심스럽고 지루하다'는 평가를 한다면 이는 부정적인 묘사라고 간주될 가능성이 높다. 하지만 잘 살펴보면, 이는 정도의 차이일 뿐 '신중성'이라는 단어의 특성이라고도 볼 수 있을 것이다. 이처럼 부정적으로 해석될 수도 있는 특성이 성격강점으로 간주될 수 있는 이유는 무엇일까?

사실, 성격강점으로서의 신중성은 소심함이나 걱정 많은 성격, 자신 없음, 수동성, 강박적인 자기억제와는 다른 개념이다. '절제'의 미덕에 속하는 강점들은 우리가 '지나침'으로 인하여 피해를 입지 않도록 보호해 주는 강점들이며, 그중 '신중성'은 장기적인 대가를 초래할 수 있는 단기적인 즐거움에 대한 보호요인이라고 할 수 있기 때문이다. 즉, 신중성은 단순한 욕망에 대한 통제를 넘어, 거시적인 안목으로 미래에 대한 계획을 고려하는 '선행적이고 목표지향적인' 태도이며, '절도 있고 유연한 자기관리 방식'으로서 '실천적 이성, 혹은 지혜의 한 형태'라고 이해하는 것이 바람직할 것이다(권석만, 2008).

② 심리적 특성

신중성은 개인이 가지는 미래에 대한 인지적인 태도라고 볼 수 있을 것이다. 이는 개인이 장기적인 목표를 효과적으로 달성할 수 있도록 도와주는 실용적인 추론 방식이며, 자기관리 방식이라 할 수 있다. Peterson과 Seligman(2004)은 신중성의 강점을 가지는 개인들은 자신의 행동에 대하여 보다 심사숙고하여 장기적인 목표를 달성할 수 있는 유연한 방향으로의 선택을 할 수 있는 특성을 가지고 있다고 언급한다.

이 성격강점은 성격 5요인 모델(개방성, 성실성, 외향성, 우호성, 신경증적 경향)의 '성실성'의 개념을 통해 측정되는 경우가 많다. 이러한 연구 결과에 따르면, 신중성은 연령 증가에 따라 완만하게 증가하는 경향이 있으며, 신중성이 높은 사람들은 그렇지 않은 사람들에 비해 우호성, 외향성, 개방성 등이 높은 것으로 나타난다. 또한, 신체적으로 보다 건강하고 장수하는 경향이 있다고도 알려져 있다(권석만, 2008).

Peterson과 Seligman(2004)은 신중성의 강점을 가지는 사람들이 다음과 같은 특성을 가지고 있다고 제시하고 있다.

(1) 이들은 자신의 미래에 대해 생각하고 관심을 가지며, 계획을 세우고 장기적인 목표와 포부를 가지는 선견지명이 있다.
(2) 즉각적인 보상이 주어지지 않더라도 자신에게 도움이 되는 활동을 지속하는 능력을 가지고 있으며, 충동을 능숙하게 억제할 수 있다.
(3) 일상생활에서 반영적이고 계획적이며 실용적인 방식의 선택을 하는 사고방식을 가지고 있다.
(4) 이들은 자신을 동기부여할 수 있는 다양한 목표와 관심사를, 일관성 있고 안정적인, 모순되지 않은 삶의 방식으로 조화시키는 능력을 가지고 있다. (신중성에 대한 대중적인 오해와는 다르다)
(5) 신중성은 지나친 조심성, 절약, 강박, 수동적인 순응이나 자발성의 결여 등을 의미하지 않으며, 유연하고 온건한 자기관리를 하는 능력을 포함한다.

(6) 신중성은 도덕적인 규칙이나 사회적 관습보다는 개인의 목표와 이익에 초점을 두고 있는 것이 사실이지만, 많은 부분이 다른 사람들과의 긍정적인 관계와 복지에 관한 부분일 가능성이 높다. (이기적이거나 냉정하게 계산된 행동이 아니다)

(7) 신중성은 돈이나 일, 성취의 영역서에만 적용되는 특성이 아니며, 삶 전체에 대해서 적용되는 성격 특성이다.

③ 촉진요인과 억제요인

신중성은 유전적인 요인과 환경적인 요인으로부터 영향을 받는 것으로 알려져 있다. 비록 다른 성격강점들에 비해서 신중성에 대한 연구가 적은 편이기는 하지만, 행동유전학적 연구의 결과는 신중성의 상당부분이(약 50%) 유전적인 영향으로 설명될 수 있다고 보고하고 있다(Peterson & Seligman, 2004). 이는 후천적인 환경의 상당히 적을 수 있다는 것을 의미하지만, 그렇다고 해서 유전만으로 신중성의 모든 부분이 결정되는 것은 아니다.

예를 들어, 신중성을 촉진시킬 수 있는 환경(신중성을 중요시 하는 분위기나 수양방법 등)이나 자기조절능력의 향상을 통해 신중성이 촉진될 수 있을 것으로 추정되며, 미래를 예측하기 어려운 혼란스러운 상황에서의 성장 배경이나, 자율성을 발휘하기 어려운 환경 등에서는 신중성이 억제될 수 있을 것으로 사료된다(권석만, 2011).

④ 증진방안

신중성은 개인이 자신의 행동에 대하여 심사숙고할 수 있도록 하고, 보나 적응적인 선택을 할 수 있도록 도와주는 실용적인 추론 방식이자 자기관리 방식이다. 이 성격강점은 개인이 장기적인 목표를 성공적으로 달성할 수 있도록 하는 능력이기에 현대 사회에서 특히 중요한 의미를 가진다고 할 수 있다.

Rashid와 Anjum(2005)는 이 성격강점을 증진시킬 수 있는 실천적인 방법으로서 다음과 같은 행동들을 제안하고 있다.

- 신중성의 증진 방법(권석만, 2011 재인용)

(1) 한 주에 최소 열 번 이상 어떤 말을 하기 전에 한 번 더 생각하는 연습을 해 보고 그 효과를 기록해 본다.

(2) 운전자라면, 운전을 할 때 조심스럽게 운전해 본다. 또한, 그렇게 하더라도 생각했던 것보다 시간에 쫓기는 상황이 적다는 것을 생각해 본다.

(3) 중요한 결정을 내리기 전에는 모든 무관한 자극들을 제거한 상태에서 심사숙고한다.

(4) 최종적인 결정을 내리기 전에 중요한 사람들에게 자문을 구해 본다.

(5) 결정을 내릴 때, 지금의 결정이 1년, 5년, 10년 뒤에 초래할 결과를 미리 상상해 본다.

(6) 최종적인 결정을 내리기 전에 위험과 이익에 대한 분석을 해 본다.

(7) 중요한 결정은 불안하거나 우울한 기분일 때가 아닌 충분히 편안한 상태일 때 하도록 한다.

(8) 사소한 거짓말을 하기 전에 거짓말을 숨기기 위해서는 앞으로 열 배의 거짓말이 필요할 수 있다는 사실을 상기한다. (등)

(4) 자기통제력(Self-Regulation, Self-Control)

① 이론적 정의

자기통제력(Self-Control) 혹은 자기규제(Self-Regulation) 등으로 번역되는 이 성격강점은, 개인이 지향하는 목표나 기준을 달성하기 위해서 자기 자신의 생각이나 감정, 욕구나 행동 등을 통제할 수 있는 능력을 말한다. 자기통제력은 자기조절과 같은 의미로 사용되기도 하지만, 때로는 보다 도덕적인 방식으로 행동하기 위해 스스로의 충동을 억제한다는 의미로서 사용되기도 한다.

성격강점으로서의 자기 통제력은 자기 자신에 대한 통제를 의미하는 여러 가지 표현들(예를 들어, 자기규제, 자기절제, 자기조절 등) 중 가장 일반적인 개념으로서, '모든 유형의 지나침을 조절하거나 제어할 수 있는 개인의 능력'이라는 광범위한 의미를 가지는 것으로 소개된다(Peterson & Seligman, 2004). 자기 통제력은 도덕적인 행위뿐 아니라 현실적인 목표 달성을 용이하게 해 주는 성격강점으로서, 통제 불능, 충동성, 격정적임 등과 반대되는 의미를 가진다(권석만, 2008).

② 심리적 특성

Peterson과 Seligman(2004)은 자기 통제력을 목표를 추구하며 기준에 맞게 살기 위해 통제력을 발휘하는 능력으로 묘사하고 있다. 다시 말해, 자기 통제력을 잃는다는 것은 자신의 기준에 맞추어 생활하거나 목표를 달성하기 어렵다는 것을 의미한다. 자기통제력이 부족한 경우, 추운 날 아침에 아늑한 침대에서 벗어나는 것이나 다이어트가 필요함에도 칼로리가 높은 음식을 조절하지 못하는 것과 같은 사소한 어려움부터, 낮은 학업 성취, 약물 중독이나 오남용, 범죄와 폭력 등과 같은 보다 심각한 어려움을 경험할 가능성이 높아지기 때문에 주의할 필요가 있다.

자기통제력은 '마쉬멜로우 실험'이라고도 알려진 '만족지연 실험'을 통해 시간이 지나더라도 비교적 변화가 적은 안정적인 특성으로 알려져 있지만, 유전적인 영향과 환경적인 영향이 어느 정도 존재하는지에 대한 연구는 아직도 진행

중에 있다. 다만, 가족 내 양육 환경이나 의사소통 방식 등이 자기 통제력에 영향을 미친다는 연구 결과(남현미 · 옥선화, 2001; 이희길, 2008 등) 등을 살펴볼 때, 유전적인 소인만이 아닌 양육환경 등의 영향을 받는 심리적인 특성이라고 추정할 수 있을 것이다.

③ 촉진요인과 억제요인

Peterson과 Seligman(2004)은 자기통제력이 여러 요인에 따라 촉진되거나 억제될 수 있다고 설명하면서, 자기 통제를 실패하게 할 수 있는 요인들을 언급하고 있다. 이러한 실패(억제)요인 으로는 자아의 반응을 변화시키는 데 필요한 '정신적인 에너지의 고갈'이나, 업무에 대한 압박이나 스트레스 등으로 인한 '한정적인 정신자원의 관리 실패', 불분명하고 서로 상충되는 목표로 인한 '주의 분산' 등이 제시되고 있다.

한편, 자기통제력을 촉진시킬 수 있는 방법도 존재한다. 대표적으로 반복적이고 정기적인 훈련을 통해 자기통제력 발휘하는 경험을 쌓음으로써 이를 촉진시킬 수 있으며, 자기 자신에 대한 관찰 능력을 키우는 것을 통해서(예를 들어 스스로가 자기신의 행동에 관해 꾸준하게 관찰 기록을 하거나, 다른 사람이 이를 지속적이고 일관적으로 상기시켜 주는 등) 자기통제력을 촉진시킬 수 있는 것으로 알려져 있다. 또한 분명하고 명확한 목표를 지각하고 있는 경우, 보다 높은 주의 집중이 가능하기에 자기통제력을 촉진시킬 수 있다.

④ 증진방안

자기통제력은 개인이 장기적인 목표를 추구하며 자신의 기준에 맞게 살아갈 수 있도록 해주는 성격강점으로서, 목표를 달성하기 위한 장기간의 인내를 요구하는 현대사회에서 살아가는 우리에게 꼭 필요한 강점이라고 할 수 있을 것이다.

Rashid와 Anjum(2005)는 이 성격강점을 증진시킬 수 있는 실천적인 방법으로서 다음과 같은 행동들을 제안하고 있다.

- **자기 통제력의 증진 방법**(권석만, 2011 재인용)

(1) 운동 프로그램을 시작하고, 적어도 일주일 동안 매일 운동을 해 본다.

(2) 다른 사람에 대한 험담이나 비난을 하지 않고 견뎌본다.

(3) 짜증이나 화가 나는 상황에서 10까지 숫자를 세어 본다. (만약 충분하지 않다면 한 번 더 반복해 본다)

(4) 일상생활의 만족도를 향상시키기 위한 목표(예를 들어, 방 청소나 설거지, 빨래 등)를 설정하고 이를 계획대로 완수해 본다.

(5) 유혹의 대상을 제거해 본다. (예를 들어, 다이어트 시에는 배달 앱 삭제해두기, 쇼핑할 때 카드를 집에 두고 정해진 현금만 들고 외출하기, 금연할 때 담배를 껌으로 바꿔보기 등)

(6) 규칙적인 생활을 시작하고 이를 유지해 본다.

(7) 자기통제를 성공적으로 했을 때는 이를 스스로 축하한다.

(8) 체계적으로 철저하게 수행할 수 있는 일상적인 계획을 세우고, 핵심적인 요소는 꼭 지키도록 한다.

(9) 역할모델을 정하고 배울 점을 찾아 나의 자기통제력을 높이는 데 적용해 본다.

(10) 나의 생체 리듬을 파악해서, 가장 좋은 상태일 때 가장 중요한 일을 할 수 있도록 해 본다. (등)

6) 초월성(Transcendence)과 영성(Spirituality)

여섯 번째 미덕인 '초월성과 영성'은 인생과 세상을 대하는 초월적인 태도와 관련된 것으로, 우리의 삶을 긍정적이고 낙관적으로 바라보게 함으로써 삶에 대한 의미와 희망을 갖도록 돕는 강점이다. 초월성과 관련된 강점은 우리의 행위와 경험으로부터 삶의 의미와 가치를 발견하고 보다 큰 세계 및 우주와 연결감을 갖게 하는 강점이다. 이 강점에는 감상력(심미안), 감사, 낙관성(희망), 유머, 영성이 포함되어 있다.

(1) 감상력(심미안)(Appreciation of beauty and excellence)

① 이론적 정의

심미안은 세상의 다양한 영역에서 아름다움과 탁월함을 섬세하게 인식하고 추구하며 이로부터 즐거움을 느낄 수 있는 능력이다. 인간, 자연, 예술, 학문, 일상의 경험 등 삶의 다양한 영역에서 아름다움을 인식하고 감상할 수 있는 능력이라고 할 수 있다. 자연세계, 미술작품, 음악연구와 같은 아름다움에 접하고 이를 감상하고 또 감동할 수 있는 것과 관련 된다. 뛰어난 감상력이나 심미안을 가진 사람이라면 고된 일상에서 매일 점점 더 큰 기쁨을 느낄 수 있을 뿐만 아니라 삶을 더 향유함으로써 인생을 행복하고 풍요롭게 만드는 긍정적 성품이라고 할 수 있다.

② 심리적 특성

감상력과 관련된 개인의 경험은 긍정 정서를 유발하여 주관적 행복감을 증진시키는 것으로 보인다(Fredrikson, 2001). 자연이나 예술 작품과 같은 미적 대상에 대한 긍정적 판단은 개인으로 하여금 즐거움과 긍정적 기분을 고양시키는 경향이 있다. 이를 통해 삶의 만족도와 행복도가 높아지며 낙관적이고 덜 우울하게 하는 것으로 나타났다(Bryant, 2003).

감상력과 성격특성과 관련하여서는 '경험에 대한 개방성'이 밀접한 관련성이 있다는 연구결과가 있으며, Peterson과 Seligman(2004)에 의하면 감상력과 외향성과도 높은 상관을 보이고 있다. 이것은 외향성이 경험에 대해서 긍정 정서를 느끼는 성향과 일관된 상관을 보이기 때문인 것으로 여겨진다. 반면에 물질주의 성향은 감사를 비롯한 초월적 태도와 부적인 상관이 나타나고 있다(McCullough, Emmons & Tsang, 2002). 또한 감상력에 대한 성별의 차이를 살펴보면, 여자가 남자보다 아름다운 행위에 대해 보다 더 쉽게 감흥을 느끼는 것으로 나타났다(Heidt & Algoe, 2003).

③ 촉진요인과 억제요인

감상력의 발달과정이 아직 밝혀지지 않아서 촉진요인과 억제요인에 대해 구체적으로 언급하는 것은 어렵다. 다만 아름다움이나 탁월함에 대한 감상능력을 자유롭게 표현할 수 있는 가정환경, 학교환경, 생활환경은 이 강점을 향상시키는 데 큰 도움이 될 것이다. 반면에 성취 중심의 경쟁적 사회 분위기나 냉소주의가 만연한 문화적 환경 속에서는 상대적으로 감상력의 발달이 억제될 수 있을 것으로 보인다(권석만, 2008). 또한 감상력은 자연이나 예술작품의 감상 등 비교적 대중적이고 접근용이성이 높은 강점이므로, 이와 같은 아름다움과 탁월함을 일상에서 자주 접할 수 있는 다양한 환경을 조성해 줄 때 감상력의 증진은 물론 공동체의 유내감을 증진시키는 촉진적 요인이 될 것으로 보인다.

④ 증진방안

사실 감상력을 증진시키는 방안은 아직 확실하게 알려져 있지 않다. 하지만 앞서 설명한 바와 같이 아름다움이나 탁월함에 대한 심미적 감각을 자유롭게 표현할 수 있는 환경을 조성하는 것은 감상력의 증진에 분명 큰 도움이 될 것으로 예상된다. 자연 속에서 온전히 자신을 있는 그대로 경험하고 자신의 내면에서 흘러 나오는 다양한 생각과 감정에 귀기울이는 것도 감상력 증진에 도움이 될 것이다(윤명희 외, 2018). 감상력을 증진시킬 수 있는 구체적인 실천 방안을 몇 가지 소개하면 다음과 같다.

(1) 아름다운 자연 경치나 사랑하는 사람들을 사진에 담아 컴퓨터 바탕화면에 깔아둔다.
(2) 내가 보았던 가장 아름다웠던 것에 대해 매일 일기를 적어본다.
(3) 적어도 하루에 한번은 일상을 멈춰 서서 일출이나 일몰, 꽃, 새의 노래소리 등 자연의 아름다움을 느껴본다.
(4) 건축물, 의상, 조각, 공예, 문학 작품 등을 감상하고 음미해 본다.
(5) 나에게 익숙하지 않은 미술이나 박물관을 찾아가본다.
(6) 계절의 민감한 변화를 알아차린다.

(2) 감사(Gratitude)

① 이론적 정의

감사는 오랫동안 인간에게 매우 중요한 덕목으로 여겨져 왔으나 이를 학문적으로 연구하기 시작한 것은 비교적 최근의 일이다. 감사는 자신의 삶에 대해 긍정적인 면을 잘 알아차리고 고마움과 축복감을 느끼고 이를 표현하는 능력과 태도를 말한다. 자신에게 베풀어진 다른 사람의 수고와 배려를 인식하고 고마움을 느끼고 그것에 보답하려는 개인적 성향을 감사라고 한다. Fitzgerald(1998)는 감사의 세 가지 요소를 (1) 누군가에 대해 감사하는 따뜻한 감정, (2) 그 사람에 대한 우호적 감정, (3) 감사함과 우호감정을 행동으로 옮기는 성향이라고 설명한 바 있다. 또한 감사를 통해 감사를 하는 사람과 그 감사를 받는 사람 상호 간에 긍정적인 연결감을 경험하게 된다고 한다. Vaillant(1993)에 따르면 성숙한 사람의 적응은 자신에게 피해를 입힌 사람들에 대한 원한과 적개심을 감사와 수용으로 대치할 수 있는 능력에 달려 있다고 설명한다.

② 심리적 특성

감사는 행복과 밀접한 관계가 있는 성격 감정으로 알려져 있다. 감사성향이 높은 사람들은 긍정 정서, 삶의 만족도, 낙관성이 높은 편이고, 반면에 우울과 스트레스는 더 낮은 수준을 보이는 것으로 나타났다(McCullough 외, 2002). 주목할 점은 감사는 부정적인 정서를 줄여주는 효과보다는 긍정 정서를 보다 더 증진시키는 효과가 큰 것으로 여겨진다는 점이다(권석만, 2008).

이와 관련하여 매일 감사일기를 쓰도록 한 청소년들의 경우, 결단력, 에너지 등의 긍정적인 상태와 이타적인 행동이 보다 더 증가하였다는 연구결과가 보고되고 있다(Emmons & McCullough, 2003). 이러한 결과는 감사할 만한 것들에 대해서 스스로 돌아보는 연습을 통해 유쾌한 기분과 친사회적 행동이 증가함을 시사한다.

감사성향이 높은 사람은 성격의 5요인 중 개방성, 성실성, 외향성, 우호성이 높고, 반대로 신경증은 낮은 것으로 나타났다. 즉, 친사회적 행동과 지지적 행동을 더 많이 한다는 결과가 나왔다(권석만, 2008).

감사는 영성 또는 종교성과 상관이 있는 것으로 나타났다(Friedman &

Toussaint, 2006). 감사 성향이 높은 사람일수록 정기적인 영적 활동(종교의식, 기도, 명상 등)에 참여하고 모든 생명의 상호연결성과 다른 생명체에 대한 책임감을 느끼는 경향이 있었다.

감사의 표현과 보답에 따라 감사의 유형을 나누어 보면, 첫째 '고맙습니다'와 같은 말로 고마움을 표현하는 언어적 감사(verbal gratefulness), 둘째 선물을 하는 등의 방식으로 보답하는 보상적 감사(concrete gratefulness), 셋째 어려움에 처한 사람을 기꺼이 도와주겠다는 등 수혜자와 긍정적 관계를 형성하려는 시도인 관계적 감사(connective gratefulness), 마지막으로 자신이 추구하는 목표와 일을 열심히 수행하겠다는 목표적 감사(finalistic gratefulness)가 있다.

③ 촉진요인과 억제요인

자신의 삶을 돌아보면서 특정한 혜택이 자신에게 긍정적인 것으로 평가되고 이러한 혜택이 내 자신의 노력의 결과이고 도움을 준 사람의 자발적인 선의에 의한 것이라고 평가되면 이러한 귀인 패턴은 감사를 더욱 촉진할 것으로 보인다.

일반적으로 삶에 대한 낙관적이고 관대한 시각, 영적인 자각과 종교성, 도움을 준 사람의 노고와 희생을 감지하는 공감능력, 타인의 관점에서 바라보고 해석할 수 있는 조망능력, 겸손 등은 감사를 더욱 촉진하는 요인으로 여겨진다. 이때 감사의 경험을 위해서는 결핍의 경험이 도움이 되기도 하는데, 가령 추운 겨울을 겪어본 사람이 봄날의 따스함을 더욱 고마워하게 되는 것과 유사한 이치라고 할 수 있다.

한편 자기애 성향이 강한 사람은 타인의 호의에 대해 당연시하는 경향이 있으므로 감사의 경험을 하지 못하게 되는 경향이 있다. 자신이 수동적 피해자라는 인식, 특권의식, 물질주의에의 집착이나 자기반성의 부재 등은 상대적으로 감사를 억제하는 요인이라고 볼 수 있다.

④ **증진방안**

감사는 훈련과 노력을 통해 증진될 수 있는 강점으로 여겨진다. 매일 직접 적어보는 '감사일기'를 통해 개인의 자신의 삶의 소중함과 행복, 타인과의 연대감을 통해 감사하는 힘을 기를 수 있다.

Miller(1995)가 제안한 감사 증진을 위한 4단계의 인지행동적 훈련방법을 소개하면 다음과 같다(권석만, 2008).

(1) 감사를 느끼지 못하게 하는 생각을 포착한다.
(2) 감사를 유발하는 생각들을 고안한다.
(3) 감사를 느끼지 못하게 하는 생각을 감사하는 생각으로 대체한다.
(4) 감사의 마음을 외적인 행동으로 옮겨 본다.

감사를 증진시킬 수 있는 구체적 실천 방안을 몇 가지 소개하면 다음과 같다(손은주, 2017; 윤명희 외, 2018).

(1) 하루 동안 내가 얼마나 "감사합니다"라고 말하는지 헤아려 보고, 일주일 동안 그 횟수를 늘려간다.
(2) 매일 하루를 마감하면서, 잘 되었던 일 세 가지를 쓰고 왜 잘 된 것 같은지 이유를 적어본다.
(3) 한 달에 한 번 정도 감사의 편지나 이메일을 써보고 다른 사람을 만나러 간다.

(4) 과거에 은혜를 입거나 도움을 받았던 일들을 구체적으로 떠올려보고 감사의 편지를 써서 보낸다.

함께 생각해 보기

오프라 윈프리의 감사일기 쓰는 법

- 내 마음에 드는 작은 노트를 장만한다.
- 감사할 일이 생기면 언제 어디서든 기록한다.
- 아침에 일어날 때나 저녁에 잠자리에 들 때 하루를 돌아보며 감사의 제목을 찾아 기록하는 시간을 갖는다.
- 거창한 감사의 제목을 찾기보다 일상의 소박한 감사를 놓치지 않는다.
- 사람을 만나면 그 사람으로부터 받는 느낌, 만남이 가져다준 기쁨 등을 기록해 나간다.
- 학교나 자신이 속한 공동체에서 '감사일기 쓰기 모임'을 만들어 함께 쓴다.
- 혼자 있을 시간에 그동안의 감사제목들을 훑어본다.
- 정기적으로 감사의 기록들을 나누고 격려한다.
- 나의 감사의 제목이 어떻게 변화하고 있는지 스스로 지켜본다.
- 카페 등 나만의 감사일기를 쓰는 조용하고 편안한 장소를 정해두는 것도 좋다.

출처: 〈행복연습을 위한 긍정심리 워크북(2019)〉 중에서

※오프라 윈프리(Oprah G. Winfrey, 1954~): 미국의 여성 방송인, 배우, 사업가

나에게 적용하기

1. 감사의 문자보내기

바로 지금 감사를 표현하고 싶은 주변 사람들에게 감사의 문자나 메시지를 보내보도록 합니다. 어떠한 반응이 오는지 기록해 보세요.

감사의 문자 내용	
이때 상대방의 반응은?	

감사의 문자를 보내고 느낀 점이 있다면 적어보도록 합니다.

2. 나의 감사일기 쓰기

하루를 돌아보며 매일 내 일상에서 일어난 소소한 일들에 대해 감사의 마음, 그 일들을 적어봅니다. 나의 감사에 등장하는 사람들은 누구인가요? 하루 3가지 정도 짧게라도 적어보는 것은 어떨까요?

- 일시:

- 내용:

- 감사의 내용:

부정적인 사람이라고 해서 늘 부정적인은 아니다.
좋은 일이 있으면 고마운 마음도 들고 세상에 대한 신뢰도 생긴다.
다만 그걸 너무 빨리 잊는 게 문제다.
긍정적인 사람과 부정적인 사람의 차이는
어떤 기억을 더 오래 간직하느냐에 있다.
그런 이유로 '감사일기'는
세상을 바라보는 관점을 변화시키는 데 효과적이다.

– 윤홍균의 〈사랑수업(2020)〉 중에서 –

(3) 낙관성(Optimism) 또는 희망(Hope)

① 이론적 정의

낙관성은 미래에 대한 일반화된 긍정적인 기대, 미래에 대한 긍정적인 태도를 의미한다. 또한 바라는 일들이 미래에 실현될 것이라고 기대하는 희망적 태도를 말하는 것이기도 하다. 미래에 대한 긍정적 태도를 의미하는 낙관성은 목표지향적 행동을 촉진하고 목표달성을 향해 적극적으로 나아가게 한다. 그렇다고 해서 언제나 낙관성이 부정적 가능성을 외면하는 것은 아니다. 현실에서 문제나 어려움, 실패 등을 인정하면서도 오히려 이를 직면하고 수용하는 가운데 미래에 대한 긍정적 측면을 중시해나가는 경향성이라고 설명할 수 있다.

'초월성과 영성' 관련된 미덕에서 이 강점은 낙관성과 희망 등으로 지칭되기도 하는데, 이 두 가지는 다소 차이점이 있다. 즉, 낙관성은 인지적 기대를 강조하는 반면, 희망은 정서적 측면을 보다 더 강조하는 경향이 있다. 낙관성과 희망은 미래에 대한 긍정적인 생각과 감정을 반영하는 것으로서, 만족감과 쾌활함을 주는 반면, 불안과 우울을 감소시키는 경향이 있다. 미래에 대해서 긍정적인 기대와 희망을 가지고 현실의 상황을 긍정적으로 인식하고 해석해나가며 일상의 다양한 문제상황에 효율적으로 대처하고 극복할 수 있도록 조력한다는 측면에서 낙관성은 매우 가치있는 성격강점이라고 할 수 있다.

② 심리적 특성

낙관성은 행복과 정신건강에 긍정적인 영향을 미치는 매우 강력한 강점으로 알려져 있다. 특히 개인의 행복과 삶의 만족도와 가장 높은 관련성이 있다. 또한 낙관성은 성취, 낮은 수준의 불안과 우울, 긍정적인 인간관계, 신체 건강 등에서 긍정적 영향을 미친다.

낙관성의 거의 유일한 부정적 측면은 위험을 경시하는 경향이다(Weinstein, 1989). 예컨대 낙관적인 귀인양식을 가진 사람은 심각한 신체적 질병이 자신에게 발생할 가능성을 평균 이하로 과소평가하는 경향이 있다고 한다. 그러나 이런 사람들이 위험가능성을 인정하게 되면, 매우 효과적인 대처방안을 찾아내어 행동한다.

낙관성을 설명하는 방식에는 낙관성을 성향적 낙관성(dispositional optimism)으로 설명한 것과 낙관적 설명양식(optimistic explanatory style)으로 설명하는 두 가지가 있다(김정수, 2007).

첫째, 낙관성을 성향적 낙관성으로 설명하는 Scheier와 Carver(1992)는 낙관성을 기질적인 것으로 보고, 미래에 대한 일반화된 보편적 기대감으로 이해했다.

둘째, Peterson과 Seligman(1984)은 낙관성을 낙관적인 설명양식으로 설명했다. 즉, 이들은 낙관성을 넓은 범위의 성격특성보다는 설명양식으로서 개념화하고자 했다. 즉 '자신이 겪는 실패는 일시적인 것이며, 역경에 맞서서 견뎌내며, 다음 행동에 의해 극복될 수 있다는 믿음'이라고 설명했다(윤지혜, 2007). 이들의 설명에 따르면 낙관적인 사람들은 부정적인 사건이나 경험들의 원인이 외부적이고, 일시적이며, 구체적인 사실에 귀인한다는 설명양식을 채택한다고 주장한다.

마지막으로 희망에 대한 Snyder(1994, 2000) 등의 설명에 따르면 희망을 2가지 구성요소로 설명한다. 하나는 목표가 성취될 수 있다는 전반적인 확신, 즉 목표에 도달하기 위해 개인이 자신의 목표를 명료하게 개념화하는 능력이 먼저 필요하다. 이러한 목표달성에 효과적인 진전과정이 필요한데 이를 경로사고(pathways thinking)라고 한다. 다른 하나는 목표성취를 위한 성공적인 방법을 만들어낼 수 있다는 구체적인 신념, 즉 바라는 목표에 도달하기 위해 가능한 방법들을 적용할 수 있다는 자기능력에 대한 신념이다. 이를 행위자 사고(agency thinking)라고 한다. 이러한 희망이론에 따르면 희망은 분명한 목표를 지닌 개인이 '경로 사고'를 통해서 목표를 달성할 수 있는 효과적인 계획을 세우고, '행위자 사고'를 통해서 목표를 추구하는 에너지를 확보한 긍정적인 동기상태라고 설명할 수 있다(Snyder, Irving & Anderson, 1991; 권석만, 2011).

③ 촉진요인과 억제요인

낙관성을 촉진하는 요인으로 부모와의 상호작용을 통한 모델링과 유전적 요인이 중요한 영향을 미치는 것으로 꼽고 있다. 이는 부모와 자녀의 낙관성이 유사하다는 점을 통해 유추할 수 있다.

Seligman 등(1995)은 개인이 경험하는 단일 사건을 통해 낙관성이나 비관성이 영향을 받을 뿐 아니라 그 사건에 대해 해석하고 원인을 찾는 귀인양식에도 변화를 가져올 수 있다고 설명한다. 이러한 점을 고려하여 낙관성을 증진하는 것도 가능하다고 한다. 예컨대 청소년 대상 낙관주의 훈련을 통해 정신장애를 예방하는 Penn Prevention Program을 시행한 바 있다. 이 프로그램은 청소년들에게 생활사건의 원인을 좀 더 긍정적이고 낙관적으로 생각하게 하는 인지행동 전략을 훈련하였고, 이러한 과정을 통해 청소년들의 귀인양식이 좀 더 낙관적으로 바뀌었고 우울증이나 불안장애를 예방하는 결과를 나타냈다(권석만, 2008).

④ 증진방안

일반적으로 일상생활에서 낙관성을 증진할 수 있는 방법은 자신이 경험한 생활 사건에 대해 어떻게 받아들이고 또 그 원인을 어떻게 귀인하는지에 주목하면서 이를 보다 더 낙관적이고 긍정적으로 생각하고 해석하도록 관점을 변화시키는 데 초점을 맞춘다.

낙관성을 증진할 수 있는 구체적인 실천방안을 살펴보면 다음과 같다(손은주, 2017; 윤명희 외, 2018).

(1) 과거에 실망했던 것에 대해 생각하고 그것을 가능하게 하는 기회를 찾아본다.
(2) 다음 주, 다음 달, 내년의 목표를 쓰고 이 목표를 성취할 수 있는 구체적인 계획을 세운다.
(3) 과거에 실패했던 일을 생각해 보고 그것으로 인해 오히려 도움이 된 점을 생각해 본다.
(4) 역경과 좌절을 딛고 성공한 사람들에 대한 책을 읽는다.
(5) 역경에 처했을 때 과거 비슷한 역경을 어떻게 극복했는지에 집중한다.
(6) 곤경에 처했을 때 주위에 낙관적이고 미래지향적인 친구들과 함께한다.

(4) 유머(Humor)

① 이론적 정의

유머는 웃음을 유발하거나 즐거움을 제공하는 능력이다. 유머감각은 인생의 역설적인 측면을 예리하게 포착하여 유쾌한 즐거움으로 전환시키는 능력으로서 웃고 장난치는 것을 좋아하며 웃음을 선사하는 태도이다. 이때 상황에 맞는 적절한 농담은 집단에 윤활유 역할을 하면서 주변 분위기를 좋게 만드는 역할을 하면서 동시에 친화적이고 즐거운 인간관계를 촉진하는 요인으로 작용한다. 인생에서 고통스럽고 모순되는 현실에서 초월적인 태도와 자세를 가지게 한다는 점에서 유머는 초월성과 관련된 매우 중요한 강점이라고 하겠다.

유머감각은 다음의 일곱 가지 구성요소를 포함하고 있다(Hehl & Ruch, 1985; 손은주, 2017).

(1) 농담이나 유머 자극을 이해하는 능력
(2) 재미있는 생각이나 이야기를 만들어내는 능력
(3) 유머나 즐거운 일을 효과적으로 표현하고 전달하는 능력
(4) 다양한 유형의 농담이나 유머를 즐겁고 유쾌한 것으로 감상하는 능력
(5) 유머를 적극적으로 찾아나서는 성향
(6) 자신의 삶에서 경험한 재미있는 사건이나 농담을 기억하는 성향
(7) 부정적인 상황에서 유머를 대처기제로 사용하는 경향성

② 심리적 특성

유머는 긍정적인 기분을 유발하고, 생활 스트레스로 인해 불쾌한 기분이 초래되는 것을 완충하는 역할을 한다고 알려져 있다(Martin & Lefcourt, 1983).

심리적 건강과 신체적 건강 모든 측면에서 유머는 깊은 관련이 있다. 심리적 건강과의 관련성을 살펴볼 때 긍정 정서, 정신건강, 삶에 대한 열망과 유머 감각 간에 밀접한 관계가 있음이 밝혀졌다(Celso, Ebener & Burkhead, 2003). 또한 유머는 신체적 건강을 증진시키고 수명을 연장시키는 것으로 밝혀졌고 (Cousins, 1981), 특히 질병으로부터 회복되는 과정에도 긍정적인 영향을 미치는 것으로 나타났다(손은주, 2017).

전반적으로 아동이나 청소년의 유머 발달은 가족과 함께 공유하는 환경적 영향이 중요한 것으로 보인다. 또한 유머의 발달은 또래들의 영향도 많이 받는 것으로 보이는데, 자신들만의 문화와 시대가 반영된 다양한 유머를 또래들과 나눔으로써 이를 더 즐길 수 있고 유머를 만드는 기술을 발달시키는 것으로 여겨진다.

일반적으로 유머와 웃음은 개인을 고통스러운 감정으로부터 보호해주는 장치가 되고 일상의 삶을 수용하면서 충실하게 살도록 돕는 긍정적인 자원이 되는 것으로 여겨지고 있다.

③ 촉진요인과 억제요인

유머 감각은 인생에 대한 유희적 세계관이나 태도에 근거를 두고 있다. 진정한 유머는 이 세상에 완전한 것은 아무것도 없다는 지혜에 근거를 두고 있는 진지한 특질이라고 여겨지므로(Ruch & Carrell, 1998; 권석만, 2008), 이러한 유희적 세계관에 기반을 둔 삶에 대한 태도는 유머 감각의 촉진에 도움이 되는 요소라 할 수 있다.

유머는 정서 상태에 의해서 영향을 받을 수 있다. 장난스러운 마음 상태가 유머를 생성하는 데 중요하다고 알려져 있는데, 이는 개인이나 집단이 어려움이 처해있을 때 부정적인 정서를 완화시킬 수 있다는 점에서 도움이 된다고 할 수 있다.

유머를 촉진하기 위한 방법에 대해 다음의 두 가지 이론이 설명을 덧붙이고 있다(Nevo, Aharonson & Klingman, 1998). 첫째, 정신분석적 접근에서 유머는 직접적으로 향상될 수 있는 것이 아니라, 심리적 성숙이나 치료과정을 통해서 간접적으로 생성된다는 입장이다. 둘째, 인지행동적 접근에서는 유머가 행동 강화와 인지적 재구성을 통하여 증진될 수 있다는 입장을 취하고 있다. 대개의 유머능력 증진 프로그램들은 인지행동적 접근에 기반을 두고 세부 내용을 구성하고 있다. 예컨대 유머 향상 프로그램의 대표적인 예인 McGhee(1999)의 프로그램에 따르면, 총 8단계로 구성된 프로그램에서 하위 단계에서는 일상생활에서 접하는 유머를 즐기는 내용으로 구성되지만, 점차 상위단계로 올라감에 따라 스스로 유머를 만들어내기도 하고, 스트레스 상황하에서 유희적인 내용을 찾아내는 내용 등으로 구성되어 있다.

④ 증진방안

일반적으로 유머 감각이 있는 사람은 비록 부정적인 상황이라도 이에 압도되지 않고 상황을 가능한 한 다른 방식으로 읽어내고 그 상황을 변화시킬 수 있는 여유를 가진다고 말한다. 유머를 증진시킬 수 있는 구체적인 방안을 소개하면 다음과 같다(손은주, 2017; 윤명희 외, 2018).

(1) 친구들에게 재미있는 내용의 메일이나 문자를 보낸다.
(2) 마술을 한 가지 정도 배워서 친구에게나 모임에서 시행해 본다.
(3) 책이나 인터넷 등을 통해서 재미있는 유머나 이야기를 수집하여 즐긴다.
(4) 유머 감각이 탁월한 사람들과 친구가 된다.

(5) 시트콤이나 재미있는 쇼, 영화를 보거나 웹툰 등을 읽는다.

(6) 대부분의 일상 속에서 재미있고 즐거운, 밝은 측면을 찾아본다.

(5) 영성(Spirituality)

① 이론적 정의

영성은 인생의 궁극적 의미와 목적을 추구하며 일관된 종교적 신념을 가지고 살아가는 태도를 말한다. 또한 영성은 인간의 실존적 한계를 초월하는 궁극적인 것, 절대적인 것, 영원한 것, 성스러운 것, 개별적인 자아를 넘어서 더 큰 존재나 가치를 추구하며 이에 연결되려는 태도와 행동 경향을 의미한다(김광수, 2019). 궁극적인 인생의 가치, 초월적인 것에 대한 관심과 믿음, 구체적인 수행 노력, 종교 활동에 참여하는 특징을 보이므로 영성을 종교성이라고 부를 수도 있다. 개인들은 영성이나 종교성을 통해 인생의 의미와 목적을 느끼고 그것을 통해 충만한 삶을 경험한다. 영성과 종교성을 차이점을 살펴본다면, 종교성은 특정 종교의 믿음과 행동체계를 수용하고 실천하는 성향이라고 할 수 있다. 반면에 영성은 종교와 무관하게 인생의 궁극적인 의미와 초월적인 경험을 추구하는 성향이라고 설명할 수 있다(윤명희 외, 2018).

② 심리적 특성

일반적으로 영성은 삶의 방향성과 목적의식을 가지게 하며 심리적 안정감을 제공함과 아울러 역경을 이겨낼 수 있는 심리적 강인함을 얻게 하는 강점이라고 일컬어진다.

영적인 추구와 행복지표와 높은 상관을 보였으며(Emmons, 1998), 종교성과 삶의 만족도 간에 유의미한 상관이 있는 것으로 나타났다(Ellison, Gay &

Glass, 1989). 또한 영성과 종교성은 개인의 신체적 건강과 정신건강에도 긍정적인 영향을 미치는 것으로 나타났다.

Johnson 등(2000)의 연구에 따르면 영성이나 종교성이 강한 젊은 사람은 반사회적 행동, 약물중독, 마약판매, 불법행동 등을 회피하는 경향이 있다고 설명한다. 반면에 종교행사에 잘 참여하는 아동이나 청소년들은 자기조절을 잘 하고 학업성적이 좋았으며 공격성이나 약물남용, 성적 문제가 적게 나타난다는 연구도 있다(Maton & Wells, 1995; Stevenson, 1997). 또한 종교성은 대인관계에 긍정적인 영향을 미치는 것으로 알려져 있다.

그러나 종교성과 영성의 영향력이 항상 긍정적인 영향만을 끼치는 것은 아니다. 종교성이 정신질환의 원인은 아니지만 이러한 질환의 진행과정 뿐만 아니라 증상의 발현에 영향을 미칠 수 있다는 점을 시사하는 연구결과가 있다(Willson, 1998).

성차에 따른 영성의 차이를 살펴보면, 일반적으로 여자가 남자에 비해 더 종교적이라고 밝혀져 있다. 여자가 남자에 비해 예배 참여도가 높고 기도에 더 자주 참여할 뿐 아니라 주관적인 신앙도 더 높은 것으로 나타나고 있으나, 이러한 성차에 따른 영성이나 종교성의 차이에 대해서는 여러 가지 다른 의견들이 제기되고 있다. 특히 남자와 여자의 종교 활동 참여도는 어떤 종교인가, 어떤 문화적 배경을 가지고 있는가에 따라 차이가 날 수 있으므로 종교성에 관한 성차는 보다 신중하게 고려되어야 할 필요가 있다(권석만, 2008).

③ 촉진요인과 억제요인

영성이나 종교성의 발날은 부모-자녀 관계가 중요한 역할을 하고 있는 것으로 알려져 있다. 특히 부모에게 정서적으로 애착되어 있는 사람은 부모의 종교적 믿음과 행동을 기억하면서 보다 더 강력한 애착을 보인다는 설명이다. 이때 가족의 응집력은 종교적 믿음이 세대에 걸쳐 세습되는 데에 중요한 역할을 한다고 한다(권석만, 2008). 이때 자녀의 종교적 사회화 과정에서, 어머니가 자녀의 종교적 소속감과 참여도에 강력한 영향을 미치는 것으로 나타났다(Myers, 1996). 그러나 자녀의 성별에 따라 종교적 사회화 과정에서 부모의 영향력에 차이가 나타난다는 연구 결과도 있다(Clark et al., 1988).

한편 개인이 역경이나 심각한 스트레스를 경험할 때, 인간의 능력으로 해결할 수 없는 문제에 직면했을 때, 사람들은 종교를 찾아 심리적 안정을 추구한다는 증거들이 있다(Mattis, 2002). 다만 이때에도 역경에 처한 사람들이 종교로부터 더 큰 안정과 위안을 찾을 수 있을 때에만 종교에 귀의한다는 견해도 있다(Pargament, 1997).

적극적인 전도 및 포교 활동을 통해 성장해온 우리 사회의 종교는 때로 사회에 큰 갈등의 여지를 남겨두는 불행을 야기하기도 했다. 어떤 의미에서 반드시 특정 종교를 가지고 있을 때에만 영성이 증진되는 것은 아니다. 오히려 자기성찰과 이타적인 행동의 실천을 통해 진정한 의미와 영성과 종교성이 더 함양될 수 있다고 할 수 있다(권석만, 2008).

④ 증진방안

삶의 방향성을 가지게 하고 심리적 안정과 위안을 제공하며 역경에 직면했을 때 이겨낼 수 있는 심리적 강인함을 얻는 데 큰 도움을 주게 되는 중요한 강점이 영성 또는 종교성이라고 할 수 있다. 영성을 증진시킬 수 있는 구체적인 방안을 소개하면 다음과 같다(손은주, 2017).

(1) 내 인생의 목적에 대해 생각해 본다.

(2) 내 삶의 근본적인 목적을 탐색해 보고 그러한 목적과 현재 나의 행동을 연관시켜본다.

(3) 하루를 시작하기 전에 기도를 하거나 명상을 해 본다.

(4) 매일 하루에 30분 정도 영성이나 종교 관련 서적을 읽는다.

CHAPTER 04

긍정심리의 적용

지금까지 우리는 긍정심리와 나 자신에 대한 이해, 그리고 성격강점에 대하여 공부했다. 긍정심리학의 발전 과정과 구성요소, 나 자신을 구성하고 있는 여러 특성들과 심리적인 관계, 그리고 대표강점의 개념과 각각의 성격강점의 특성과 증진 방법에 대하여 학습한 지금이라면 여러분들은 긍정심리학이 단순하게 "생각하는 방향을 바꾸면 보다 잘 지낼 수 있다"와 같은 애매하고 추상적인 학문이 아닌, 보다 "실천적이고 실질적"인 학문이라는 것을 이해하였을 것이다.

그렇다면, 우리가 학습한 긍정심리와 자기이해에 대한 지식을 어떻게 활용할 수 있을까? 어떻게 우리의 삶을 보다 행복하게 만들어 갈 수 있을까? 이것이 바로 이 장에서 학습하고자 하는 내용이다.

우리는 지금까지 학습한 지식들을 일상생활에 적용시키고, 실질적인 삶의 질을 향상시키기 위한 '실천과 적용'으로서 다음과 같은 네 가지 영역에 긍정심리를 적용하는 것에 대하여 알아볼 것이다.

첫 번째는, 대인관계에서의 긍정심리의 적용이다. 우리의 삶에 가장 많은 영향을 미치는 요인 중 하나로 알려진 대인관계에 긍정심리와 자기이해를 적용시킴으로써 우리가 안정적인 대인관계를 맺고 유지할 수 있도록 도울 수 있을 것이다.

두 번째는, 진로 장면에서의 긍정심리의 적용이다. 현대 사회에서 진로 목표를 설정하고 이를 달성하는 것은 더없이 중요한 과업들 중 하나라고 볼 수 있을 것이다. 진로 장면에서 긍정심리의 원리를 적용하는 과정은 우리가 진로라는 과업을 보다 합리적이고 적응적으로 수행할 수 있도록 도와줄 수 있을 것이다.

세 번째는, 개인이 경험할 수 있는 역경 속에서의 긍정심리의 적용이다. 우리가 살아가면서 마주할 수 있는 역경은 단순한 고난으로 끝날 수도 있지만, 우리가 가지는 회복탄력성 수준에 따라 성장으로 이어질 수도 있다. 역경 속에서도 이를 이겨내고 성장할 수 있도록 해주는 회복탄력성과 이를 지탱하는 가장 중요한 요인이라고 할 수 있는 긍정성을 이해하는 것은 우리의 회복탄력성을 키워줄 수 있을 것이다.

마지막으로, 의사소통 과정에서의 긍정심리의 적용이다. 긍정대화법을 통해 우리가 경험할 수 있는 의사소통의 장애요인들을 극복하고, 보다 효율적으로 나의 생각과 감정을 전달할 수 있게 될 것이다.

1. 긍정심리와 대인관계

사람은 사회적 동물이다. 그렇기 때문에 사람은 태어나면서부터 다양한 대인관계를 맺으며 살아간다. 사람 인(人)이라는 한자를 보면 상형문자로 두 사람이 기대어 있는 것을 표현한다고 한다. 앞서 이야기한 자기(self)의 개념에서도 "나"라는 존재는 내가 바라보는 나와 타자(타인)와의 관계에 의해 정의되는 자기가 된다고 하였다. 즉, 사람들은 다른 사람들과 관계를 맺으며 살아가야 하고 그러한 관계에 따라 다양한 정서들을 경험하게 된다.

한편, 현대사회에서는 과학의 발전과 고도의 경제성장으로 다양한 직업 및 다양한 생활태도를 가지게 되었다. 다양한 발전으로 인해 모든 것이 빨라졌지만 오히려 대인관계는 예전보다 관계 맺기가 어려워진 듯 하다.

하나의 증거로 최근에는 혼자 밥을 먹거나 혼자 술을 마시는 "혼밥"이나 "혼술" 등 혼자 하는 문화가 발달하게 되었고, 직접 만나서 하는 대인관계보다 오히려 SNS 등의 온라인을 통한 대인관계가 발달하게 되었다.

하지만 직접 보지 않고 글이나 사진으로 소통하는 온라인 대인관계에서는 다양한 오해가 생길 수밖에 없는데 글에서는 사람의 비언어적인(표정, 말투, 몸짓 등) 태도를 볼 수 없기 때문이다.

이렇듯 중요한 대인관계에서 긍정심리는 어떤 영향을 끼칠 수 있을까? 앞서 이야기한 개인에 대한 이해나 개인의 강점을 발전시키는 것도 대인관계에 분명 도움이 될 것이다. 그리고 대인관계의 긍정성을 강조한 이론에 대해 살펴보는 것도 좋은 방법이다. 그래서 심리상담이론 중 Alfred Adler의 이론과 Carl Rogers의 이론 중 대인관계와 관련된 부분을 살펴보고자 한다.

1) Alfred Adler의 사회적 관심

Adler의 이론에 따르면 개인에 대한 이해도 중요하지만 공동체에 대한 관심도 매우 중요한 영역이다. 이러한 공동체 의식에 대해 설명한 개념이 사회적 관심인데 그 내용을 간단히 보면 성공적인 삶과 건강한 성격의 기준은 개인이 자신의 삶과 생활과제에 접근하는 방식 속에서 얼마나 사회적 관심을 포함하고 있는지에 따라 결정한다고 하였다.

Adler는 사회적 관심을 발달적 측면에서 세 가지로 기술하고 있는데 첫째는 타고난 기질로서의 사회적 관심이다. 이것은 사회적 관심이 타고난 개인차가 있다는 것이다. 둘째는 타인을 이해하고 공감하며 협동과 기여할 수 있는 사회적 능력으로 이것은 교육과 훈련을 통해 발달할 수 있는 개인의 능력으로 보았다. 셋째는 다른 사람과의 협동을 소중히 여기고 사회의 발전을 위해 헌신하려는 의지를 가진 일반적인 태도이다(권석만, 2013).

Adler의 사회적 관심에 대한 설명을 간단히 정리하면 그림 4-1과 같다.

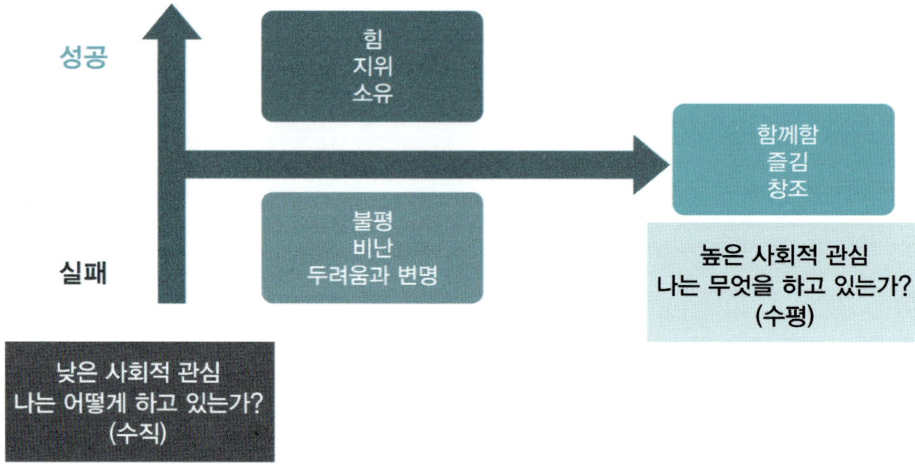

그림 4-1 Adler의 사회적 관심

그림 4-1을 보면 사회적 관심이 높고 낮음에 따라 타인과의 관계와 자신의 행동에 따른 평가가 달라진다는 것이다. 앞서 이야기한 세 가지 발달단계를 보더라도 사회적 관심은 타고난 영향도 있지만 잠재적인 것이기 때문에 사회적 맥락 속에서 계발이 가능하다는 것이다.

사회적 관심이 낮은 사람은 "나는 어떻게 하고 있는가?"에 대해 생각하며 인생을 성공과 실패의 이분법적으로 나누는 경향이 있다. 성공은 힘을 얻거나 높은 지위를 얻거나 돈을 많이 버는 것이고, 실패란 어떤 상황이나 결과에 따라 불평과 비난 그리고 두려움과 변명을 가진다는 것이다.

사회적 관심이 높은 사람은 "나는 무엇을 하고 있는가?"에 대해 생각하고 결과보다는 과정에 초점을 맞추며 함께 하는 그 자체에 초점을 맞춰 즐겁게 함께하여 새로운 무언가를 창조하는 것이 중요하다고 본다.

이와 같이 Adler 심리학에서는 어떤 일이나 상황의 결과보다는 과정을 중시한다. 대인관계에서도 경쟁적이고 적대적인 관계보다는 함께하고 즐기고 창조적인 관계를 맺는 것이 중요하다고 말한다. 이는 긍정심리에서 말하는 긍정에 초점을 맞추는 것과 매우 유사하다고 볼 수 있다.

2) Carl Rogers의 자기실현 경향성

Rogers는 인간중심상담 이론을 만들었고 사람에 관해 관심이 많았던 상담가이자 연구자이다. 다양한 그의 이론 중에 하나가 자기실현 경향성(Self-actualizing tendency)이다. 자기실현 경향성은 실현 경향성이라고 불리기도 하는데 이것은 인간은 자신을 유지하고 잠재력을 건설적인 방향으로 성취시키려는 기본적이고 선천적인 성향을 가지고 있다는 것이다.

인간중심상담에서는 이 실현경향성을 인간의 유일한 동기로 보고 있으며 실현화와 성장동기의 두 개의 축으로 이루어져 있다고 하였다. 실현화는 욕구감소, 긴장감소, 추동감소 등의 동기를 부여하는 역할을 하고 성장 동기는 고통스러운 노력이 필요해도 창조적인 도전을 찾고 배우려는 욕구라고 하였다. 이러한 실현경향성은 자신의 자기(self)가 잘 발달해야만 하는데, 만약 그 사람이 실현화를 방해하는 신체적·심리적인 부정적인 영향을 받는다면 실현경향성이 위축되거나 멈추어질 수 있다고 하였다. 즉, 자기와 그 사람의 경험이 비교적 일치한다면 실현경향성은 비교적 통일된 형태로 남겠지만 자기와 그 사람의 경험이 불일치한다면 다양한 어려움이 일어날 수 있다는 것이다(연문희 외, 2013; 이영희 외, 2007). 이러한 자기실현 경향성에 대한 설명을 그림 4-2에 정리해 보았다.

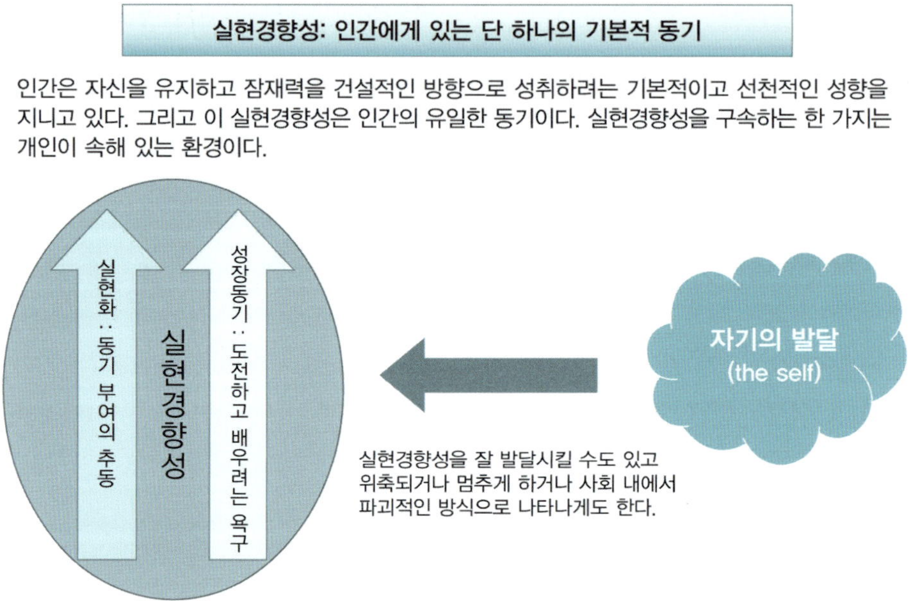

그림 4-2 Rogers의 자기실현 경향성

이러한 자기와 경험의 불일치를 인간중심상담에서는 가치 조건화(조건부 가치)로 인해 생긴다고 보고 있다. 가치조건화란 자기의 욕구가 아닌 중요한 타인에게서 부여받은 가치 기준에 따라 자신의 경험을 긍정적이거나 부정적으로 평가하게 만드는 것이라 할 수 있다.

이와 같이 대인관계에 있어 자신을 믿어주고 지지해 주는 사람과의 관계를 갖는가? 아니면 가치조건화를 제공하는 사람과의 관계를 맺는가에 따라 그 사람의 자기실현 경향성은 잘 기능할 수도 있고 아닐 수도 있게 된다.

이러한 자기실현 경향성이 잘 발휘되기 위해 Rogers는 몇 가지 태도가 필요하다고 말하고 있는데 이것은 일치성, 무조건적 긍정적 존중, 공감적 이해이다.

(1) 일치성

일치성 또는 꾸밈이나 거짓이 없는 진실성은 다른 사람을 대함에 있어 꾸밈 없이 진실해야 하고 자신의 모습 있는 그대로 존재하는 것을 의미한다. 이러한 일치성을 가지기 위해서는 자기가 어떤 사람이고 무엇을 원하는지를 잘 아는 자기 인식이 뛰어나야 한다.

(2) 무조건적 긍정적 존중

무조건적 긍정적 존중은 수용이라는 말로도 표현되는데 이것은 다른 사람의 생각, 느낌, 행동에 대해 어떤 판단이나 평가 없이 받아들이는 것을 의미한다. 이것은 상대방의 가치를 인정해 주고 상대방이 앞으로 변화할 수 있는 사람이라는 것을 인정해 주는 태도이다.

(3) 공감적 이해

Rogers는 공감에 관해 광범위하게 글을 남겼으며 공감이 세 가지 태도 중에서 가장 훈련이 가능하다고 하였다. Rogers가 말하는 공감이란 다른 사람이 세상을 바라보는 태도대로 그들과 같이 세계를 바라봐야 한다는 것이다. 즉, 나의 세계관으로 세상을 보는 것이 아닌 그 사람의 세계관으로 세상을 볼 수 있어야 타인에 대한 이해를 할 수 있다는 말이다. 다음은 Rogers가 공감에 대해 쓴 말이다.

> 공감은 그것이 공포, 분노, 아픔, 혼란 그 무엇이던 간에 타인의 내면에서 일어나고 있는 감정의 변화에 순간 순간 민감해지는 것이다. 그것은 그 사람의 삶 속에서 판단을 내리지 않고 그 사람이 느끼는 것을 세심하게 따라가면서, 그 사람이 인식하는 것이 무엇인지를 아는 것이다. 하지만, 그 사람이 인식하지 못하는 감정을 들춰내면 그 사람에게 너무 위협적일 수도 있기 때문에 잠시 멈출 필요도 있다. 공감은 그 사람의 세계에 대한 당신의 느낌을 나누는 것도 포함되는데 그래야만 당신은 그 사람이 두려워하는 요소들을 두려움 없이 새롭게 바라볼 수 있게 되기 때문이다. 그것은 당신이 느낀 것이 정확한지를 그 사람에게 확인하는 것이고 확인으로 인해 방향을 잡을 수 있다. 그래야만 그 사람의 내면세계 안에서 당신은 그 사람의 믿을만한 동반자가 될 수 있다(Rogers, 1995).

Rogers가 말하는 세 가지 태도는 긍정심리에서 이야기하는 대인관계의 방향성과 매우 일치한다고 보여진다. 이렇듯 긍정심리에서의 대인관계는 일반적인 대인관계와는 다르게 다른 사람에 대해 관심을 갖고 믿어주고 그 사람의 변화 가능성을 보고 신뢰할 때 관계가 변화한다. 긍정적인 태도를 가진다는 것이다.

2. 긍정심리와 진로탐색

우리는 앞선 2장에서 「나에 대한 이해」를 살펴보면서 진로에 대한 부분을 어느 정도 다뤘다. 2장에서 성격, 적성, 흥미, 가치관을 다뤘는데 이것은 진로에 직접적인 영향을 주는 것들이다. 2장에 소개한 워크넷 사이트를 이용하면 우리는 진로 선택을 위해 해 볼 수 있는 다양한 검사들을 할 수 있다. 하지만 대다수의 진로에 관련한 검사는 자기문답식 검사이기 때문에 자기에 대한 이해가 낮으면 적절한 결과가 나오지 않는다. 즉, 나에 대한 이해가 높아야 진로를 선택함에 있어서도 문제가 없다는 것을 의미한다. 우리는 1, 2, 3장을 보면서 긍정심리와 나에 대한 이해를 다뤘다. 긍정심리는 행복과 웰빙을 중요한 요소로 다루고 있다. 그렇다면 긍정심리를 바탕으로 하는 진로에 있어서도 행복과 well-being은 매우 중요하다. 그래서 이 장에서는 행복하고 만족스러운 진로가 무엇인지를 살피는 워라밸(Work-Life Balance)과 워라하(Work-Life Harmony)에 대해 살펴보고 4차 산업혁명 시대에서 행복하게 진로를 선택할 수 있는 방법이 무엇인지에 대해 살펴보고자 한다.

1) 워라밸(Work-Life Balance)에서 워라하(Work-Life Harmony)로

워라밸이라는 용어는 이제는 쉽게 사용하는 용어가 되었다. 워라밸이라는 용어는 1970년대 영국 워킹맘협회에서 개인의 업무와 개인의 사생활 사이의 균형이 필요하다고 주장하면서 처음 등장했다고 한다. 이제 워라밸은 OECD 국가에서도 국가의 삶의 질을 평가하기 위해 사용하고 있다.

2019년 OECD의 워라밸 국가점수를 보면 우리나라의 경우 4.1점을 기록하여 40개국에서 37위를 기록하였다. 2018년 기준 우리나라의 근로자는 연평균 1993시간을 근무하여 일본보다도 313시간을 더 근무하였다(OECD 데이터). 일과 생활의 균형을 유지하는 것이 매우 중요하다는 세계적인 추세에서도 우리나라에서 일과 생활 사이의 균형을 유지한다는 것은 매우 어려운 일이다.

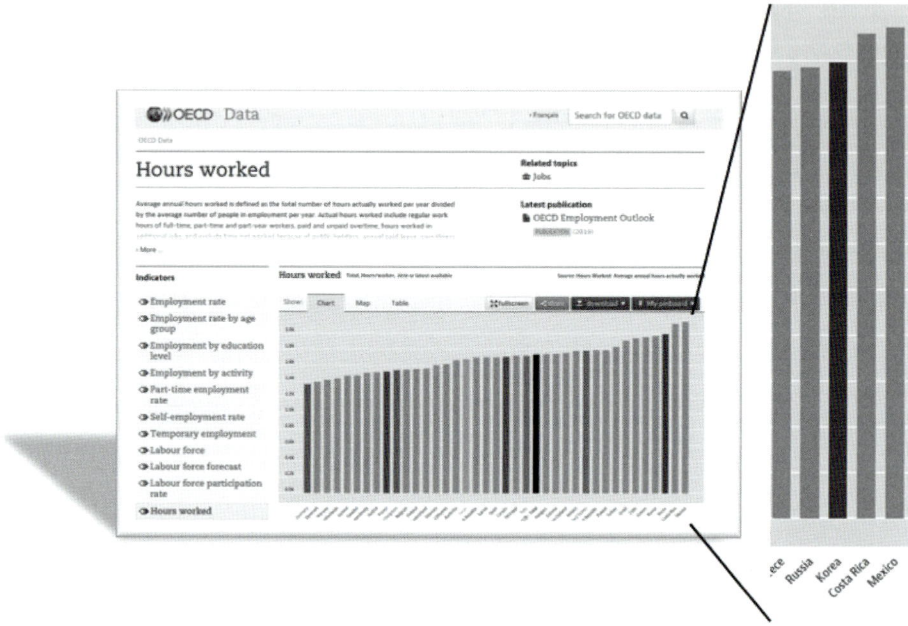

그림 4-3 2018년 세계 각국의 연간 근로시간

일과 생활의 균형이 중요한 이유는 과도한 야근과 초과근무가 오히려 생산성을 떨어뜨린다는 대한상공회의소의 연구나 과도한 야근과 초과근무가 정신건강 질환 발생률을 높이고 심뇌혈관질환을 높여 정신건강이나 신체건강에 악영향을 미쳐 기업과 사회 모두에게 손해를 끼친다는 한국보건사회연구원의 연구결과를 보더라고 워라밸이 우리에게 필요한 것은 분명한 사실이고, 이러한 워라밸을 할 수 있는 진로를 선택하는 것이 긍정심리의 취지와도 맞다고 할 수 있다. 그리고 우리도 워라밸을 지키기 위해 해야 할 몇 가지 것들이 있는데 첫째, 워라밸에 관심을 가지고 워라밸을 하기 위해 노력하는 것이다. 둘째, 일과 여가의 경계선을 긋고 일할 때 일하고 쉴 때 쉬는 자세를 갖는 것이다. 셋째, 업무에 대한 통제력을 높이기 위해 계획을 세우고 그것을 지키려는 노력을 하는 것이다. 넷째, 신체 및 정신건강 관리를 위한 꾸준한 노력을 하는 것이다. 다섯째,

스트레스 해소를 위한 나만의 방법을 만드는 것이다. 여섯째, 우선순위를 정해 우선순위대로 행동하는 것이다. 우리가 이러한 것들을 지키려는 노력을 통해 최대한 일과 생활의 균형을 맞추기 위해 노력한다면 좀 더 행복한 삶을 살 수 있을 것이다.

최근에는 아마존의 CEO Jeff Bezos는 한 인터뷰에서 자신은 워라밸을 지지하지 않는다라고 말했다. 그 이유는 균형이라는 것은 두 가지 중 한 쪽을 추구할 경우 다른 한 쪽을 희생해야 하는 +, − 개념이기 때문에 균형보다는 조화를 이뤄야 한다고 하였다(윤영돈, 2019). 비록 약간의 용어 차이이긴 하지만 어찌되었든 일과 생활을 잘 하는 것은 필요하다.

2) 4차 산업혁명과 진로

진로를 선택하는 데 있어 그 시대의 흐름을 아는 것은 매우 중요하다. 나의 흥미나 적성, 가치관을 무시하라는 것이 아니고 흥미나 적성, 가치관에 적합한 진로를 현시대에 맞게 잘 적용하는 것이 중요하기 때문이다.

1차 산업혁명의 시대는 공업화(기계화)의 시기이다. 18세기 유럽 국가들을 중심으로 출발했고 인간의 노동력이 기계화(증기기관, 방적기 등)되었다. 이로 인해 생산성이 향상되었고 더 좋은 물건을 저렴한 가격에 구입할 수 있었다. 이에 기계에 밀린 인간의 노동력의 가치는 저하되게 되었고 실업자가 증가하는 등의 다양한 사회문제가 발생하였다. 또한 도시가 형성되고 신분제가 폐지되면서 노동자 계층이 성장하는 사회변하를 가져왔다. 2차 산업혁명은 전기의 시기이다. 19세기 후반 에너지 기술이 변화하면서 지금까지 동력으로 사용되던 증기기관이 전기로 변화하였다. 이에 생산성은 더욱 크게 향상되었고 자동차, 석유, 통신 등의 산업이 발전하게 되었다. 자본가의 영향력이 커졌으며 빈부격차가 심해지고 기술 의존도가 심해졌다. 3차 산업혁명의 시대는 디지털, 정보혁명의 시기이다. 20세기 컴퓨터가 개발되고 보급되면서 인터넷이라는 전 세계를 잇는 웹이 생겼고, 이로 인해 정보의 속도가 엄청나게 빨라졌다. 기술에 있어서도 반도체나 IT 쪽의 핵심기술이 성장하면서 정보의 가치가 매우 중요한 시대가 되었다. 주요산업들도 아날로그 방식에서 디지털 방식으로 변화하면서 전 세계가 급격하게 변화하였다. 현재 우리는 4차 산업혁명 시기에 살고 있는데 다양한 영역의 상호 간의 경계를 허무는 융합의 시대라 할 수 있다. 2016년도에 세계경제포럼에서 회장이었던 Klaus Schwab이 4차 산업혁명이라는 명칭을 처음 쓰기 시작하면서 그 이후를 4차 산업혁명의 시기로 보고 있다. 생산 방식이나 생산물 자체의 지능화가 시작되면서 인공지능, 빅데이터, 사물인터넷(IoT)이나 알파고를 비롯한 초지능 등이 나타나고 있다. 매우 빠른 속도로 사회 전체가 변화하고 있어 진로의 선택에 있어서도 매우 신중을 기해야 할 것이다.

미래 일자리 변화의 특징을 보면 다음과 같다.

첫째, 가치와 지식 창출을 위한 인적 네트워크가 중요한 사회가 될 것으로 보이는데 온디맨드 경제(on-demand economy)와 긱 경제(gig economy)가 활성화될 것이다.

온디맨드 경제(on-demand economy)

컴퓨터 기술의 비약적 발달로 공급 중심이 아니라 수요가 모든 것을 결정하는 시스템이나 전략을 총칭함. 즉, 거래를 공급자가 아닌 수요자가 지배하는 경제이다.

긱 경제(gig economy)

긱(gig)은 1920년 미국에서 재즈 연주자들이 필요에 의해 일시적으로 모여서 하는 공연을 뜻한다. 즉, 하룻밤의 계약이다. 현대에서는 프로젝트에 따라 노동자들이 고용되고 돈을 번다는 것을 의미한다.

둘째, 일자리에 대한 의미가 "평생직장"에서 "평생직업"으로 바뀌고 "1인 기업"이 증가하는 등의 기업문화가 기업, 직장에서 직업으로 바뀔 것이다.

셋째, 앞서 이야기한 긱 경제처럼 필요한 시기에 필요한 인력을 뽑게 되기 때문에 정규직보다는 일시적이고 독립적인 임시직이 증가할 것이다.

넷째, 인공지능, 로봇 등의 기술로 인공지능이나 로봇이 할 수 없는 기술을 가진 사람은 고임금을 받지만 그렇지 못한 사람은 저임금을 받아 임금의 양극화가 심화될 것이다.

다섯째, 1인 기업, 즉 자가고용이 떠오르고 유튜브, 페이스북, 인스타그램 등의 SNS(Social Networking Service)의 사회문화적인 영향력이 확대되어 자가고용으로도 수익이 창출되는 시대이다. 즉, 자가고용과 창조 서비스업이 증가될 것이다.

여섯째, 디지털 기술을 활용하여 시간과 장소에 얽매이지 않고 업무를 수행할 수 있는 유연근무가 늘어날 것이다. 이것은 최근 Zoom을 활용한 수업이나 회의 등에서도 나타나고 있다(윤옥한, 2019).

이와 같이 4차 산업혁명 시대가 되면서 빠르게 사회는 변화하고 있다. 우리도 그 변화에 흐름에 맞춰 진로를 선택하는 것이 중요하다. 긍정심리의 내용을 잘 활용하여 자신의 강점을 발전시켜 시대의 흐름에 맞는 진로를 결정하는 것이 행복으로 가는 지름길일 것이다.

3. 역경을 통한 성장

> "행복의 한쪽 문이 닫힐 때, 다른 한쪽 문은 열린다. 하지만 우리는 그 닫힌 문만 오래 바라보느라 우리에게 열린 다른 문은 보지 못한다."
>
> – 헬렌 켈러(1880~1968) –

모든 인간이 행복을 추구하고자 하는 것은 당연한 권리이며 기대이다. 그러나 실제 크고 작은 사건의 연속으로 이루어진 개인의 삶에서, 어떤 사건들은 너무도 강력하고 충격적이어서 지속적으로 극심한 고통과 혼란을 유발하고 오랜 세월이 지난 후에도 고통스러운 심리적 상처, 외상(trauma)을 남기는 경우가 적지 않다(권석만, 2013). 최근 들어서는, 이와 같은 심각한 스트레스와 역경에도 불구하고 개인이 이를 극복하고 성장할 수 있다는 믿음이 동시에 다양한 분야에서 관심을 받고 있다. 즉, 어떤 사람은 극심한 외상적 사건을 경험했음에도 불구하고 자신에 대한 느낌, 타인과의 관계 등에서 오히려 더 긍정적인 변화를 보이기도 한다는 것이다. 특히 인간 행동의 긍정적 변화에 관심을 두고 있는 긍정심리학에서는 이러한 스트레스와 역경에도 불구하고 각 개인이 행복한 삶을 추구하면서 효과적으로 적응해나갈 수 있도록 결정짓는 요인이 무엇인지에 대해 꾸준히 관심을 가지고 연구를 진행하고 있다(김정수, 2020).

1) 역경을 통한 성장: 외상 사건과 외상후 성장이란 무엇인가?

(1) 외상 사건의 정의

한 개인은 삶의 다양한 영역에서 원치 않는 스트레스나 역경, 외상 사건을 경험한다. 이러한 역경은 피할 수 없는 경우도 많아서 때로 우리는 이러한 역경이나 외상 사건을 인정할 수밖에 없는 것이 우리의 현실이기도 하다. 의심의 여지 없이 외상 사건, 역경은 개인에게 크나큰 고통을 가져다 준다. DSM-5 (APA, 2013)에서는 외상 사건(traumatic event)을 죽음 또는 죽음의 위협, 성폭력과 같이 개인에게 심각한 충격을 주는 다양한 사건들(예: 지진이나 화산폭발과 같은 자연재해, 전쟁, 살인, 납치, 교통사고, 화재, 강간, 폭행 등)로 정의한다. 또 다른 연구자들은 외상 사건을 한 개인이 평생을 살면서 한 번쯤은 경험할 수도 있는 교통사고나 화재, 살인, 심각한 폭력, 지진 등과 같이 외부로부터 주어진 충격적인 사건이 심리적 상처를 남기게 될 때, 이를 외상 사건으로 부를 수 있다고 한다(권석만, 2013; 서영석 외, 2015). 또 직접적인 외상 사건을 경험하거나 목격한 경우는 아니라고 하더라도 현대 사회는 언론 매체 등을 통해 노출될 가능성이 높고 많은 영향을 받기 때문에 미디어에 의한 간접 외상도 무시할 수가 없다고 설명하기도 한다(신지영 외, 2015; 송현, 2017). 대개 이러한 외상은 예상하지 못한 가운데 발생하고 이러한 경험은 개인에게 심리적으로나 신체적으로 극심한 고통과 함께 후유증을 유발하여 스스로 통제감을 상실하고 무력감을 경험하게 한다. 이러한 외상 사건을 경험한 후에 다양한 심리적 부적응 증상, 즉 (1) 외상 사건을 재경험하게 만드는 침투적 증상, (2) 외상 사건과 관련된 기억이나 단서를 피하려는 회피증상, (3) 외상 사건에 대한 생각과 감정의 부정적 변화, (4) 사소한 자극에 잘 놀라는 과민한 각성 반응을 나타낼 경우 외상후 스트레스 장애(Posttraumatic Stress Disorder: PTSD)로 진단할 수 있다(권석만 2013 재인용).

(2) 외상후 성장의 정의

유사한 외상적 경험을 한 사람이라고 하더라도 모든 사람이 다 외상후 스트레스 장애로 진단되는 것은 아니다. 외상 사건이나 역경을 만났을 때 어떤 사람은 그 어려움에 굴복하고, 또 다른 사람은 그 안에서 의미를 찾고 성장해나가는 것일까? 외상 사건을 경험한 이후 역경을 통한 성장을 이루어가는 개인에게는 어떤 특성이나 차이점이 있는 것일까? 이에 대해 답을 찾기 위한 노력의 하나로 외상후 성장(Post-traumatic Growth: PTG)에 관심을 가질 필요가 있다. 어떤 사람은 극심한 외상적 사건을 경험했음에도 불구하고 자신에 대한 느낌, 타인과의 관계 등의 영역에서 긍정적인 변화를 보이기도 한다는 점에 주목하게 되었다. 이러한 일련의 현상을 가리켜 '외상후 성장'이라고 한다(Calhoun & Tedeschi, 1999). 정리하면 외상후 성장이란 "외상후 개인이 경험하는 긍정적 심리적 변화", "인간이 살면서 경험하는 매우 도전적인 상황에 투쟁한 결과를 얻게 되는 긍정적 심리적 변화"라고 정의할 수 있다. 여기서 성장이란 역경 이전의 개인의 성장 수준을 넘어서는 긍정적이며 새로운 그 무엇을 의미한다고 볼 수 있다. Tedeschi와 Calhoun(2004)은 단순히 객관적인 외상 사건 자체보다는 개인의 주관적 반응과 지각에 더 많은 비중을 두고 외상 사건에 접근하였다. 어떤 사람은 외상 이후 삶에 대해 보다 더 긍정적인 자세로 감사를 느끼게 되고, 인생에 새로운 의미를 부여하며, 타인의 소중함과 친밀감, 연민, 신뢰 등 관계의 중요성 인식과 더불어 새로운 가능성의 발견을 통해 심리적 성장을 경험한다고 하였다(김현미 · 정민선, 2014).

유사한 외상적 사건을 경험한 이후 일어나는 긍정적 삶의 변화들은 설명하는 개념에는 외상후 성장이라는 용어 이외에도 여러 가지 다른 용어로 연구되어오기도 했다. 대표적으로 이점 발견(Benefit-finding; Affleck & Tennen, 1996; 김정수, 2008), 역경을 통한 성장(Adversarial Growth; Linley & Joseph, 2004), 스트레스 관련 성장(Stress-related Growth; Park et. al., 1996), 번성(Flourishing; Ryff & Singer, 1998), 변환 대처(Transformational coping; Aldwin, 1994), 실존적 인식의 증가(Heightened Existential Awareness; Yalom & Lieberman, 1991) 등으로 다양하게 정의되기도 한다. 이들 용어 간에는 다소간의 개념적 차이가 있기는 하지만, 각 개인이 외상경험 이후 달라진 삶의 자세와 생활 등에서 긍정적인 변화를 강조하고 있다는 점에서 공통점을 지니고 있다(장한 · 김진숙, 2017). 이들 용어는 외상적 사건 이후 긍정적 삶의 변화의 발생과정에 주목하면서 동시에 이러한 설명에 대한 가장 체계적이고 포괄적인 이론적 틀을 제공하는 Tedeschi와 Calhoun(1996)의 외상후 성장이라는 개념으로 통합된 의견을 수렴하고 있다고 본다.

2) 외상후 성장의 세 영역

앞서 설명한 바와 같이 외상후 성장은 각 연구자들마다 사용하는 용어가 차이가 있기는 하지만, 다음의 세 가지 영역에서 공통된 견해를 가지고 있다. 일반적으로 합의된 세 가지 주요 영역을 소개하면 (1) 자기와 세상에 대한 관점의 변화, (2) 대인관계에서의 변화, (3) 삶에 대한 철학적 인식의 변화라고 할 수 있다. 이에 대한 설명을 제시하면 다음과 같다.

(1) 자기와 세계에 대한 긍정적인 관점의 변화	• 역경을 통해 상당한 고통과 혼란을 경험하였다가 이를 극복하는 과정에서 자신의 취약성을 인정하게 되고 동시에 자신의 강점과 잠재력을 새롭게 발견하게 되고, 세상에 대해서는 더욱 합리적이고 현실적인 시각을 가지게 된다.
(2) 대인관계의 변화	• 관계의 상실과 같은 외상 사건이나 역경에서 빠져나오기 위해 타인에게 도움을 요청하거나 자기공개를 하기도 하고, 주변의 도움을 받는 경험을 통해 대인관계의 중요성과 친밀감이 증진된다. • 자신의 아픔과 고통을 통해 다른 사람을 더욱 이해하고 공감하게 되며, 감사와 이타적 태도가 증가할 수 있다.
(3) 삶의 철학에서의 변화	• 인생의 위기에 직면한 초기에는 신에 대한 분노, 초월적 존재에 대한 원망과 혼란이 관찰되기도 한다. 그러나 인생의 유한함과 제한됨을 인정하고 주어진 시간 동안 행복하고 의미 있는 삶에 대해 진지하게 고민하게 되고 이를 통해 더 나은 인생관과 가치관을 정립할 수 있다. • 삶의 우선순위가 바뀌고 작은 것에 감사함을 느끼며, 영적인 측면에서 신의 존재를 느끼거나 종교성과 믿음이 더욱 공고해지는 변화를 하는 것으로 밝혀졌다.

3) 외상후 성장에 영향을 미치는 요인

외상후 성장과 관련된 변인들에 어떤 내용이 있는지 살펴봄으로써 외상후 성장에 기여하는 요인들을 보다 구체적으로 이해해 보도록 한다. 외상후 성장에 영향을 미치는 요인은 (1) 외상 사건과 특성, (2) 사회 인구학적인 요인, (3) 종교 요인, (4) 인지적 요인, (5) 정서적 요인, (6) 대처 방식, (7) 관계적 요인, (8) 성격 요인 등이 있다. 이를 간략하게 요약하여 설명하면 다음과 같다.

(1) 외상 사건과 특성	• 외상의 유형, 외상후 기간, 외상 사건으로 인해 지각된 위협의 크기, 개인이 위협 상황에 대해 지각하는 정도와 외상후 성장과 관련성이 있다. • 외상의 심각도를 높게 지각하고 그에 대해 반복적으로 사고하는 사람들에게서 외상후 성장에 대한 보고가 보다 긍정적인 것으로 나타났다(최승미, 2008).
(2) 사회 인구학적 요인	• 연령, 성별, 결혼 여부, 수입과 교육 수준 등이 외상후 성장에 영향을 미친다. • 수입과 교육 수준이 높을수록 외상후 성장이 높다는 연구(Golant, Kronenetter, Chang & Spiegal, 2007 등)가 발표된 반면, 낮은 수입과 교육수준이 외상후 성장과 관련이 있다는 결과(Bellizi & Blank, 2006 등)가 나오기도 하는 등 연구결과들이 일부 혼재된 결과를 보이고 있다. 또 젊은 사람보다는 나이든 사람에게서, 그리고 종교를 가지고 있는 사람들에게서 성장경험에 대한 보고가 많았다(최승미, 2008).
(3) 종교 요인	• 영성, 종교성 등이 외상후 성장에 영향을 미친다.
(4) 인지적 요인	• 개인이 외상 사건 이후 그 경험에 대한 반복적인 사고를 의미하는 개념인 반추(rumination), 의도적 반추, 삶의 의미, 자기성찰, 심리적 수용 등이 외상후 성장에 영향을 미친다.
(5) 정서적 요인	• 정서표현, 정서조절 양식, 자기노출, 정서인식 명확성 등이 외상후 성장과 관련성이 있다.
(6) 스트레스 대처방식	• 정서중심 스트레스 대처, 문제중심 스트레스 대처, 종교적 추구, 긍정적 비교와 해석 등이 외상후 성장과의 정적인 관련성이 있고, 자기비판은 외상후 성장과 부적 상관이 있는 것으로 나타났다.
(7) 관계적 요인	• 사회적 지지와 애착이 외상후 성장과 관계가 있는 것으로 나타났다.
(8) 성격 요인	• 개방성, 낙관성, 희망, 자기효능감, 자아존중감 등이 외상후 성장에 영향을 미치는 것으로 나타났다.

최근에 국내에서 실시된 장한과 김진숙(2017)의 연구결과에 따른 외상후 성장 관련 메타분석의 결과를 제시한다. 이 연구에서는 크게 인지 변인군, 정서변인군, 자아변인군 그리고 지지변인군으로 나누어 각각 설명한 바 있다.

표 4-1 **외상후 성장 관련 변인군 메타분석 요약(장한·김진숙, 2017)**

변인군	외상후 성장 관련 변인(빈도)	빈도(총)
인지 변인군	마음챙김(8), 사건중심성(2), 사고통제방략(2), 삶의 의미(18), 적극적 대처(17), 적응적 대처(13), 정서적 대처(6), 종교적 대처(3), 용서(3), 의도적 반추(26), 의도적 반추(당시)(6), 의도적 반추(현재)(6), 인지적 유연성(2), 자기성찰(2), 정서조절(적응)(13), 핵심신념붕괴(6), 희망(6)	139
정서 변인군	감사성향(2), 낙관성(11), 심리적 수용(6), 안녕감(19), 영성(3), 자기노출(7)	48
자아 변인군	자존감(7), 탄력성(18)	25
지지 변인군	가족탄력성(2), 사회적 지지(34)	36

4) 외상후 성장을 촉진하기 위한 개입

외상 사건의 경험 이후 개인이 역경을 통한 성장을 증진하고 외상후 성장을 더욱 촉진하기 위하여 개입 방안을 모색하는 것은 현실에서의 적응과 개인의 성장에 매우 유용한 일이다. 외상후 성장을 촉진하기 위한 구체적 개입 방안에 대해, 앞서 설명했던 외상후 성장 관련 변인과 연계하여 설명해 보도록 하겠다.

외상후 성장에 관한 다양한 질적 연구와 메타분석을 통해 많은 전문가들은 인지 관련 변인이 가장 관련성이 높다고 설명하고 있다. 외상 경험자들은 외상 경험 이후, 문제의 원인과 결과 및 의미를 검토하여 자신과 세상을 새롭게 이해하려고 노력하게 된다는 것이다. 이러한 도전은 외상 경험이 일으킨 높은 수준의 정서적 스트레스를 조절하기 위한 과정이라고 할 수 있다. 이때 정서를 잘 조절하기 위해서는 인지적 과정이 필요하고, 인지적 과정은 통제에 대한 지각을 증가시키는데, 이러한 통제할 수 있다는 인식이야말로 스트레스의 감소에 기여한다는 설명을 하고 있다(장한·김진숙, 2017).

장한 등(2017)의 연구에 따르면 첫째, 인지 변인군과 관련하여서 외상후 성장을 증진하고 현실에 적응하게 하는 가장 관련성이 높은 요인은 삶의 의미, 의도적 반추, 스트레스 대처를 꼽고 있다. 따라서 외상사건의 경험자의 적응을 돕고 외상후 성장을 촉진하기 위해서는 삶의 의미를 발견하도록 돕는 것이 매우 중요한 상담 및 개입 목표가 될 수 있을 것이다. 또한 외상 경험 당시의 의도적 반추보다는, 외상 경험 이후 시간이 흐를수록 의도적 반추(현재의 의도적 반추)가 외상후 성장에 더 크게 기여하므로, 외상 경험자가 보이는 반추 자체를 부정적인 것으로 여기기보다는 외상 사건이 어느 정도의 시간이 경과한 후 개인에게 성찰적 특성을 가질 수 있도록 조력하는 것이 필요하다. 스트레스 대처 방식과 관련하여서는 문제를 해결하고 주변인에게 적절한 도움을 구하는 등 적극적이고 능동적으로 대처할 수 있는 대처 방식을 습득하도록 돕는 방식이 필요하다.

둘째, 정서적 변인들 중에서는 영성이 외상후 성장과 가장 큰 관련성이 있는 것으로 나타났다. 외상후 성장을 경험한 사람들이 영적인 변화를 경험한 것으로 일관성 있게 보고되고 있으므로, 영성을 촉진하는 것이 외상후 성장을 위한 중요한 요인이 될 수 있다. 낙관성 역시 외상후 성장과 관련하여 매우 중요한 정서적 변인으로 꼽을 수 있다. 낙관적인 긍정적 기대를 통해, 외상 경험으로 인해 현실과 동떨어진 것처럼 보이는 세계관으로부터 개인을 분리시키는 역할이 가능하다는 것이다. 이에 외상후 성장을 위한 개입에 있어 낙관성을 향상할 수 있도록 하는 상담 및 개입 전략을 적용하는 것이 필요하다.

셋째, 자아 관련 변인에서는 탄력성이 외상후 성장과의 관계에서 가장 주목을 받고 있다. 일반적으로 탄력성은 자신에게 닥치는 온갖 역경이나 어려움을 오히려 도약의 발판으로 삼아 역경을 이겨내고 다시 돌아오는 회복력이라고 정의한다. 탄력성이 외상 경험으로 인한 후유증을 더 적게 경험하게 하여 외상후 성장을 촉진하게 한다는 설명이다. 탄력성이 개인으로 하여금 외상 경험에서 전혀 상처를 받지 않게 한다는 의미는 아니다. 하지만 역경 이전의 적응 수준으로 되돌리는 능력을 반영하므로 개인의 성장에 매우 크게 기여하는 요인이라고 할 수 있다.

넷째, 지지 변인군에서는 사회적 지지와 가족 탄력성이 외상후 성장과 가장 높은 관련성을 지니고 있다. 특히 역경이나 외상 경험자에게 상담자는 개입전략을 수립하는 데 있어 보다 안전한 느낌을 제공해주고 외상 경험으로 인한 고통에 대해 든든하게 지지하면서 함께 버텨주는 역할이 매우 중요함을 시사한다. 이러한 경험을 통해 외상을 경험한 사람은 현실에서 보다 안정감을 느끼면서 자신의 부정적 정서 반응을 조절하는 방법을 스스로 배우게 되기 때문이다(Greenberg, 2002). 가족탄력성은 관계 중심적인 우리 문화와 사회 속에서 가족관계 및 그 특성이 외상 경험자에게 개인의 적응과 성장을 촉진하는 데 현실적인 버팀목이 되어 준다는 의미에서 큰 중요성을 가진다.

5) 회복탄력성과 외상후 성장

(1) 회복탄력성의 정의

외상후 성장과 관련한 또 다른 논의 중 하나는 '외상후 성장'과 '회복탄력성'이 상당 부분 유사한 개념인가, 이 둘이 서로 구분되는 개념인가 하는 것이다. 이에 대해 Calhoun 등(2014)과 Kilmer 등(2014)은 외상후 성장이 '외상을 겪어냄으로써 개인을 긍정적으로 변화시키는 과정' 중 발생한 결과물인 것에 비해, 회복탄력성은 역경이 있어도 '긍정적으로 적응할 수 있는 힘'이라는 측면에서는 서로 구분되는 개념이라고 하였다. 회복탄력성은 외상후 성장을 일정 부분 촉진해주는 중요한 역할을 하고 있음을 이미 앞서 설명한 바 있다(강규림 외, 2018).

회복탄력성(resilience)이란 심각한 삶의 도전에 직면하고서도 다시 일어설 뿐만 아니라 심지어 더욱 인생이 풍부해지는 인간의 놀라운 능력을 말한다. 많은 연구들에서 탄력성이 광범위하게 공유되는 인간의 능력임을 시사한다. Ann Masten(2001)은 회복탄력성을 일컬어 '적응이나 발달의 심각한 위협에도 불구하고 좋은 결과를 이끌어내는 것을 특징으로 하는 일군의 현상'이라고 정의한다. Ryff와 Singer(2003)은 회복탄력성을 '도전 이후에 정신적 혹은 신체적인 건강이 유지, 회복, 향상되는 것'으로 정의한다. 요컨대 회복탄력성은 회복력, 탄성, 적응유연성, 자아탄력성, 적응력 등으로 다양하게 번역되기도 하는데 '다시 돌아오는 경향', '~에도 불구하고'의 속성이라고 쉽게 설명할 수 있다. 역경이나 어려움을 겪으면서 자신의 힘과 능력을 잃었지만 이전의 적응수준으로 다시 돌아오고 회복할 수 있는 능력이라고 설명할 수 있다. 따라서 회복탄력성은 자신에게 닥치는 온갖 역경과 어려움을 오히려 도약의 발판으로 삼아 역경을 이겨내는 힘을 의미한다.

(2) 회복탄력성의 원천: 보호요인과 위험요인

회복탄력성과 관련하여 위험요인과 보호요인에 대한 고려가 필요하다. 먼저 위험요인(risk factor)이란 회복탄력성에 위험을 미치는 요인으로, 심리 정서 행동의 문제를 나타낼 가능성을 증가시키는 조건들을 의미한다. 위험요인들은 보통 독립적으로 나타나지 않으며 여러 가지가 복합적으로 나타나는 경향이 있으며, 그 수가 많을수록 문제행동이 드러날 확률이 더 높아진다고 설명한다(배혜련, 2011). 위험요인의 구체적인 내용을 살펴보면 다음과 같다.

- 개인 위험요인: 낮은 지능, 까다로운 기질, 낮은 자존감 등
- 가정 위험요인: 부모의 범죄성, 부모의 심리적 장애, 왜곡된 부모-자녀 상호작용, 만성적인 가정불화, 가정 폭력 및 학대, 방치 등
- 지역사회 위험요인: 열악한 주변 환경, 빈곤, 열악한 교육환경 등

Masten에 의하면, 회복탄력성은 인간의 기본적인 적응적·보호적 시스템의 작동을 표현하는 것이라고 설명한다. 이것은 드물거나 예외적인 재능이 아니다. 오히려 회복탄력성은 인간의 삶에서 중요한 보호체계로 작용하므로 우리 모든 일상에서 어렵지 않게 발견하고 또 경험할 수 있다고 주장한다. Masten에 따르면 삶에서 보호 요인(protective factor)이 될 만한 자원이 거의 없는 사람은 낮은 수준의 역경에 직면해서도 심각한 부정적 요인으로 고통을 받는다고 한다. 이러한 보호요인과 같은 자원을 충분히 가진 사람들일수록 심각한 역경 속에서도 최소한의 혼란으로 이를 다룰 수 있다. 따라서 회복탄력성은 반드시 어떤 초인적인 힘이나 능력은 아니라고 주장한다. 다음에는 아동과 청소년 대상의 연구를 통해 Masten과 Reed(2002)가 제시한 세 가지 범주의 보호요인을 설명해보도록 한다.

- 개인 보호요인: 훌륭한 지적 능력과 문제해결 능력, 낙관적인 기질과 변화에 적응할 수 있는 성격, 긍정적인 자기상과 개인적인 효율성, 낙관적인 진밍, 정시와 충동을 조절하고 통제할 수 있는 능력, 건전한 유머감각
- 가정 보호요인: 부모나 일차 양육자와의 친밀한 관계, 따뜻하고 지지적인 양육, 부모와의 갈등이 최소화된 가정 환경, 아동의 교육에 관여하는 부모, 적절한 경제적 지원을 하는 부모
- 지역사회 보호요인: 학교나 사회 조직에 참여하기, 안전한 이웃과 함께 지내기, 이용하기 쉬운 수준 높은 응급 서비스, 공중보건 서비스 및 사회복지 서비스

(3) 회복탄력성 향상 개입전략

사람들이 겪는 역경, 위험사건이 개인의 적응을 위협하고 심각한 혼란과 고통을 받는 상황에도, 잘 적응하고 이를 극복하여 오히려 성장의 계기를 삼을 수 있도록 돕는 회복탄력성을 향상시키기 위하여 어떤 노력이 필요할까? 회복탄력성의 구성요소라고 일컬어지는 다음의 세 가지 하위요인, 즉 자기조절능력, 대인관계 능력, 긍정성에 맞는 전략이 필요하다(Goldstein & Brooks, 2009).

① 자기조절 능력

스스로의 감정을 인식하고 그것을 조절하는 자기조절 능력은 어려움에 닥쳤을 때 이를 성공적으로 극복하는 사람들의 공통적인 특징이다. 자기조절 능력은 역경에 식면했을 때, 첫째로 스스로의 부정적인 감정을 통제하고 긍정적인 감정과 건강한 도전 의식을 가져온다(감정조절력). 둘째, 기분에 휩쓸리는 충동적 반응을 자제하고 자신의 동기를 스스로 부여하고 조절할 수 있으며(충동통제

력), 셋째 자신이 처한 상황과 그 원인을 객관적이고도 정확하게 파악해서 대처 방안을 찾아낼 수 있는 능력(원인분석력)을 말한다(김주환, 2011).

자기조절 능력을 향상시키기 위해서는 스트레스 관리기술 훈련, 자기통제력과 인내심을 향상시키기 위한 구체적인 인지행동적 전략과 개입 방안을 습득하는 것이 필요하다. 이때 인지행동적 상담접근에서의 인지매개설 A-B-C의 연결고리를 활용할 수 있다. 흔히 우리는 어떤 사건(A: Antecedent events)이 곧바로 우리의 감정이나 행동이라는 특정한 결과(C: Consequences)를 가져온다고 생각하기 쉽다. 하지만 그 사이에는 반드시 우리의 생각이나 믿음(B: Belief), 신념이 매개하여 연결고리가 된다는 설명이다. 우리 삶에서 일어나는 다양한 사건들은 그 자체로서는 아무런 결과를 가져오지 못한다. 선행된 사건(A)이 어떤 감정이나 행동(C)을 야기하려면 우리의 신념체계 내에서 이를 해석하고 받아들이는 믿음이나 생각(B)이 반드시 매개된다는 것이다. 따라서 이를 극복하기 위해선 자신의 생각과 믿음, 신념, 인지의 내용을 살펴보고 인지적 오류나 왜곡이 있는지 발견하여 이에 대한 개입 방안을 찾는 것이 필요하다.

② 대인관계 능력

다른 사람의 마음과 감정 상태를 파악하여 이해하고 이를 공감함으로써 원만한 대인관계를 맺고 유지하는 대인관계 능력은 회복탄력성이 높은 사람들의 중요한 특징이다. 대인관계 능력이 높은 사람은, 첫째 의사소통능력이 뛰어나다. 둘째, 다른 사람의 심리나 감정 상태를 잘 읽어낼 수 있는 공감능력이 뛰어나다. 셋째, 자아확장력이 높다고 할 수 있는데, 이것은 자기 자신이 다른 사람과 연결되어 있다고 느끼는 정도를 말하며 자신에 대해 생각할 때 타인과의 관계 속에서 자신을 이해하는 능력이라고 할 수 있다.

대인관계 능력의 향상을 위해서는 공감능력의 증진을 위한 훈련, 모델링과 강화 등 행동주의적 상담접근을 활용한 의사소통 훈련 등 인지행동적 접근을 활용한 기법이나 기술 훈련이 도움이 될 수 있다. 특히 공감 능력을 증진하기 위해서는 '역지사지(易地思之)'하는, 즉 상대방과 입장을 바꾸어 생각하는 힘을 기르기 위해 타인의 표정이나 목소리, 몸짓 등 비언어적 메시지를 잘 파악하는 것이 필요하다. 타인이 하는 말의 숨은 뜻과 의도를 잘 파악할 수 있도록 경청하고 이를 효과적으로 전달하기 위한 구체적인 커뮤니케이션으로써 공감기술 훈련을 구체적으로 연습해 보는 것이 큰 도움이 된다. 이에 대한 구체적인 기법은 이어지는 '긍정 대화법'에서 보다 자세히 설명하도록 하겠다.

③ 긍정성

회복탄력성이 높은 사람들은 자신의 긍정적 정서를 타인에게 나눠줌으로써 원만한 인간관계와 성공적인 삶을 이끌어나가는 긍정성이 높은 사람들이다. 긍정성이 높은 사람은 첫째, 실패나 역경에 처했을 때 자기파괴적인 말이나 생각 대신에 보다 긍정적이고 희망적인 자세를 잃지 않는 낙관적인 사람들이다(자아 낙관성). 둘째, 자신이 원하는 이상적인 삶의 모습과 얼마나 근접한지를 판단하는 주관적 감정과 생활의 태도라고 정의할 수 있는 생활만족도가 높다는 특징이 있다. 셋째, 감사하기는 회복탄력성이 높은 사람이 보여주는 매우 중요한 특성이다.

개인의 긍정성을 향상하기 위해서 자기수용을 통해 실패나 부족함을 부적절함의 신호로 보기보다는 이를 적극적으로 이해함으로써 극복할 도전으로 생각하는 연습, 낙관적이고 긍정적인 사고를 하도록 연습하는 것이 필요하다. 또한 자신의 성공경험과 성격강점 개발을 위한 노력이 도움이 될 수 있다. 예컨대 자신에게 나쁜 일이 생겼을 때, '왜 항상 나만 실패할까', '왜 내가 하는 일은 늘 이 모양이지?'라고 생각하는 것과 '나만 실패하는 것은 아니야. 누구든 실패는 할 수 있어.', '난 지금 이 프로젝트에만 실패했을 뿐이고 다른 일을 잘 해내고 있잖아.'라고 생각하는 것 중 어떤 생각이 개인의 삶을 더 행복하고 풍요롭게 하는지 스스로에게 질문하고 그 답을 찾아가는 연습이 도움이 될 수 있다. 물론 세상의 일들이 이렇게 늘 간단한 것만은 아니지만, 스스로에게 긍정의 힘을 보태어 낙관적으로 사고하고 행동하는 것은 우리 모두에게 의미있는 일이 될 것이다.

4. 긍정대화법

인간에게 있어 의사소통은 빼놓을 수 없는 중요한 사회적 과정이며, 공동체를 이루어 생활하는데 있어 근간이 되는 중요한 능력이라고 할 수 있을 것이다.

이러한 의사소통에 어려움이 생기게 된다면, 우리는 불안, 우울 등과 같은 여러 가지 심리적인 어려움을 경험하게 될 수 있다. 실제로, 여러 심리학이론들에서는 개인이 경험하는 심리적 어려움의 원인 중 하나로 의사소통문제를 제시하고 있다(이장호 외, 2005).

그렇다면, 우리는 이러한 의사소통을 어떻게 긍정적으로 수행해 나갈 수 있을까? 긍정심리학에서는 개인의 부정적인 측면이나 병리적인 측면에 초점을 맞추기보다 인간이 가지는 긍정적인 품성과 강점에 초점을 맞추고 이를 잘 개발(계발)하는 것을 통하여 긍정적인 정서와 행복을 추구하는 것을 강조하고 있다. 이러한 긍정심리학의 접근 방식은 의사소통에 있어서도 유용하게 적용될 수 있다. 긍정적인 사고는 긍정적인 정서로 이어지고 이를 의사소통에 적응하는 것을 통해 긍정적인 대화에까지 확장될 수 있기 때문이다.

1) 긍정적인 의사소통

의사소통에 대한 구체적인 정의는 학자들에 따라 다소 차이가 있지만, 크게 본다면 두 사람 혹은 그 이상의 사람들 사이에서 의사의 전달과 교류가 이루어지는 현상으로 정의할 수 있을 것이다. 다시 말해, 송신자와 수신자가 존재하며, 이를 전달하는 도구(예를 들어 언어 등)가 존재하는 상호작용 현상인 것이다.

이를 조금 더 자세하게 살펴본다면, 의사소통이 이루어지는 과정은 기본적으로 (1) 송신자가 전달하고자 하는 의미를 기호화(Encoding)하여 발신하는 과정, (2) 의사소통 도구(언어, 몸짓, 태도 등)를 통해 전달되는 과정, (3) 수신자가 이를 수신하여 해독(Decoding)하여 지각하는 과정의 반복이라고 할 수 있다. 기본적으로 이 세 가지의 과정의 반복이 문제없이 잘 이루어진다면 의사소통의 문제를 경험하지 않을 수 있다. 하지만, 인간은 서로가 독립된 '개인'이기 때문에, 서로가 가지는 문화의 차이나 경험의 차이, 또는 표현방식의 차이 등으로 인해서 이러한 의사소통 과정에 잡음(Noise)이 섞이게 되며, 이로 인해 의사소통의 어려움을 경험하기도 한다.

그렇다면 보다 긍정적인 의사소통을 하기 위해서는 어떻게 해야 할까? 우리는 이를 알아보기 위해 '들어주기', '물어보기', '표현하기'의 세 가지 과정을 살펴보고자 한다.

(1) 긍정적으로 들어주기

Mehrabian(1971)은 인간의 커뮤니케이션 과정에 대해 연구하면서 흥미로운 결과를 제시한 바 있다. 메라비언의 법칙(The Laws Of Mehrabian)이라는 이름을 통해 잘 알려진 이 법칙은 우리가 의사소통 과정에서 어떠한 부분을 중요하게 받아들이는지에 대해 설명하고 있다. 그에 따르면, 실제로 의사소통에서 영향을 미치는 비율은 태도나 자세, 제스처와 같은 보디랭귀지가 약 55%, 어조나 억양 등이 약 38%의 영향력을 가지며, 정작 말의 내용은 약 7% 정도의 영향만을 가진다는 것이다.

이는 우리가 의사소통 과정에서 상대방의 의도를 이해할 때 상대의 전체적인 부분에 집중해야 하며, 의도를 오해하지 않도록 주의해야 할 필요가 있다는 점을 시사한다. 문화적인 차이나 개인의 경험 등으로 인해 서로의 비언어적(보디랭귀지나 억양 등) 표현방식이 다른 경우가 존재하며, 내가 가지고 있는 상식이 다른 사람에게는 상식이 아닐 수 있기 때문이다.

문화적 차이로 인한 표현방식의 차이의 예시

- 이누이트족은 서로의 뺨을 치며 인사한다. 이는 상대를 공격하고자 하는 것이 아닌 반갑다는 의사를 전달하는 비언어적 표현으로, 뺨을 세게 때릴수록 더 많은 반가움을 표현한다.
- 티베트에서 사용되던 전통 인사법에는 모자를 벗어 정수리를 보이고 혀를 내미는 행동이 포함된다. 이는 상대방을 조롱하는 의미가 아닌 티베트의 불교 탄압에 관한 역사와 관계 있는 비언어적 표현으로서, 자신이 상대에게 해를 끼칠 마음이 없다는 것을 표현하는 방법이다.
- 미얀마에서는 인사할 때 팔짱을 끼는 경우가 있다. 이는 상대방을 무시하려는 행동이 아닌 최대한의 예의를 갖추고자 하는 비언어적 표현이다. 이는 미얀마가 영국의 식민지이던 시대부터 발달한 인사법으로, '팔이 묶여 상대를 해칠 수 없는 상태이다.'라는 것을 나타내던 행동에서 비롯된 비언어적 표현으로서 가슴 아픈 사연이 담긴 인사법이다라고 할 수 있다.

이처럼 나에게 익숙한 표현방식이나 상식이 다른 사람에게는 다른 의미로 사용될 수 있다는 점을 기억하고, 상대방의 의도에 대하여 긍정적으로 들어주고자, 즉 이해하고자 하는 노력이 필요하며, 상대의 말에 포함된 내용을 '경청'하는 것뿐만 아니라, 그 말을 하는 사람의 의도와 마음을 이해하고자 노력하는 '적극적인 경청'을 할 필요가 있다.

(2) 긍정적으로 물어보기

긍정적으로 들어주는 것은 긍정적인 의사소통에 있어 중요한 역할을 한다. 하지만, 앞서 언급한 바와 같이 인간은 서로 독립된 개인이며, 서로의 생각과 경험이 다르기에 '적극적인 경청'을 하고자 노력함에도 불구하고 의사소통에 어려움을 경험하는 경우도 적지 않다. 이런 경우, 우리는 의사소통 상대에게 적절한 질문을 함으로써 보다 긍정적인 대화를 이끌어 나갈 수 있다.

질문을 하는 방식에는 여러 가지 표현 유형이 존재한다. 긍정적인 질문유형의 예를 몇 가지 제시한다면, 심리상담 과정에서 의사소통을 촉진하기 위하여 사용되기도 하는 '개방형 질문'과 '긍정적 질문', '구체적 질문' 방식을 들 수 있을 것이다. 이를 참조로 긍정적으로 물어보는 습관을 가질 수 있도록 연습해 보자.

'개방형 질문'은 상대방이 자유롭게 응답할 수 있도록 해 주는 질문 방식으로서, 의사소통 과정에서의 오해나 불편감을 줄일 수 있는 질문 방식이다.

폐쇄형 질문과 개방형 질문의 예시

폐쇄형 질문	개방형 질문
• 제 말에 이의가 있나요? (예/아니오의 답변을 해야 한다고 느끼거나, 상대방이 공격적이라고 느낄 수 있음)	• 제 말에 대해 어떻게 생각하시나요? (자신의 생각을 개방적으로 표현할 수 있으며, 오해나 불편감을 줄일 수 있음)

'긍정적 질문'은 부족한 부분이나 실패한 부분에 초점을 맞추는 것이 아닌, 긍정적인 부분이나 앞으로의 계획에 초점을 맞추는 질문 방식으로, 상대방의 생각을 확장시키고, 동기를 부여할 수 있다.

부정적 질문과 긍정적 질문의 예시

부정적 질문	긍정적 질문
• 지금 무엇이 부족해서 실패했다고 생각하나요? (실패에 대한 좌절과 변명을 생각해 내야 한다고 느낄 수 있음)	• 어떻게 하면 그런 일이 다시 생기지 않을 수 있을까요? 어떻게 하면 다음에 더 잘 할 수 있을까요? (상대방의 조망을 확장시키고, 희망과 동기를 부여할 수 있음)

'구체적 질문'은 질문의 의도를 명확하게 함으로써 상대방이 오해할 가능성을 줄이고, 추상적인 사고를 구체화시킬 수 있는 장점을 가지고 있다.

일반적 질문과 구체적 질문

일반적 질문	구체적 질문
• 당신의 일에 만족하시나요? (어떤 부분에 대해서 질문하는 것인지 종합적으로 생각하게 되며, 질문자의 의도와 다른 부분에 대한 답변이 돌아올 수 있음)	• 당신이 하는 일에서 가장 좋은(힘든) 부분은 무엇인가요? (질문자의 의도를 명확히 전달할 수 있으며, 상대방의 오해를 줄일 수 있음)

(3) 긍정적으로 표현하기

긍정적인 의사소통의 꽃은 역시 자신의 생각과 감정을 최대한 오해 없이 상대방에게 전달하는 것일 것이다. Mehrabian(1971)이 이야기한 바와 같이, 의사소통은 말의 내용뿐 아니라 태도와 목소리 등과 같은 비언어적인 요소도 포함되는 과정이다. 따라서, 긍정적으로 잘 표현하기 위해서는 긍정적인 의사소통 태도와 효과적인 표현 방법이 모두 중요하다고 할 수 있다.

① 긍정적인 의사소통 태도

일반적으로, 의사소통 과정을 촉진시킬 수 있는 태도는 상대의 이야기를 경청하고, 상대에게 적절하게 반응하는 것을 통해 관심과 존중을 받고 있다고 느끼게 해 주는 태도이다. 실제로, 심리상담 과정에서는 상대방을 향하여 앉고 열린 자세를 취하며, 상대에게 적절하게 시선을 접촉하고, 상대방의 이야기에 대해 요약해서 전달하거나 상대방의 마음이 어떨 것 같다고 느끼는지를 전달하는 과정을 통해 대화를 촉진시킨다(이장호 외, 2005; 천성문 외, 2015). 이러한 의사소통 태도는 심리상담 장면에서뿐 아니라 일상적인 대화에서도 적용이 가능하며, 긍정적인 결과를 가져올 수 있다.

한편, 인간주의 상담의 창시자인 Rogers는 상담 과정에서 개인의 실현경향성을 촉진하기 위한 상담자의 태도로서 '공감적 이해(공감)', '무조건적인 긍정적 존중(수용)', '진솔성(진실성)'이라고 하는 세 가지의 태도를 언급하고 있다(이장호 외, 2005; 천성문 외, 2015). 이러한 의사소통 태도는 심리상담뿐 아니라 일상적인 대화에서도 긍정적인 방향으로 의사소통을 촉진시킬 수 있다.

이러한 긍정적인 의사소통 태도는 대화를 긍정적으로 이끌어 나가며, 행복한 관계를 형성하고 유지할 수 있는 기술로서 활용할 수 있는 만큼, 지속적으로 연습하여 몸에 익히는 것을 추천하고 싶다.

긍정적인 의사소통을 위한 태도

비언어적 태도	공감, 수용, 진솔성
• 방향: 상대를 향한다. • 자세: 열린(개방된) 자세를 취한다. (예: 팔짱을 끼는 등의 폐쇄적 자세가 아닌, 상대에게 몸을 조금 기울이는 등) • 시선: 상대에게 적절히 시선을 접촉한다. • 반응: 상대방의 이야기에 대해 적절한 신체적 반응을 보인다. (예: 고개 끄덕임, "으응" 등) • 대화: 상대방의 이야기를 요약해서 다시 전달하거나, 상대방의 마음이 어땠을 것 같은지에 대한 자신의 이해를 전달한다. (예: 아 그러니까 ~ 한 상황이었다는 거지?, 아 그런 상황이면 ~ 한 기분이 들었을 것 같다(그러니?).)	공감, 수용, 진솔성을 일반적인 대화에 반영하기 위한 노력 • 공감: 상대방의 생각이나 감정을 상대방의 입장에서 느껴보기 위해 노력하고, 이를 상대에게 전달해 보기 • 수용: 대화 과정에서 '조건'을 제시하지 않거나 줄여보기. ("네가 ~ 해야 ~ 하지" 등의 '조건부 수용'을 줄이기 위한 노력) • 진솔성: 가식적이지 않고 진솔하며 일관적인 태도를 보여주기

② 긍정적으로 말하기(상대를 배려하며 말하기)

우리는 자신의 생각과 감정을 전달하는 도구로서 '말'과 '언어'라는 도구를 사용하는 경우가 많다. 이는, 상대방에게 메시지(Message)의 형태로 발송되며, 상대방은 이를 수신하여 해석하는 과정을 통해 내가 전달하고자 한 의미를 이해하게 된다.

하지만, 앞서 언급한 바와 같이, 이러한 과정에는 여러 가지 잡음(Noise)이 섞일 수 있으며, 이로 인해 의사소통의 어려움을 경험할 수 있다. 특히, 자신이 느끼는 서운한 감정이나 아쉬움 등을 전달하는 과정에서는 이러한 어려움이 발생하는 경우가 많은데, 이는 주로 발화자가 자신의 감정에 매몰되어 이를 적절하게 표현하기 어려운 경우 발생하기 쉽다.

이러한 어려움을 극복하고 상대를 배려하며 긍정적인 의사소통을 하기 위해서 개발된 의사소통 방법이 우리에게 많이 알려진 '비폭력 대화' 또는 'I Message' 이다.

비폭력대화에 관한 책을 저술한 Serena(2008, 김영민 역)는 우리가 대화할 때 자신도 모르게 사용하는 공격적인 대화법에 대해 설명하고 있다. 이는 '폭력적인 대화'로서, 상대방에 대한 '비난'과 '평가'가 주를 이루는 표현방법이며, 상대방이 내가 전달하고자 하는 말(메시지)에 포함된 나의 '감정'이나 '욕구'에 대해서 인식하기보다는 자신을 '공격, 비난하는 것으로' 느끼고, 방어적인 태도를 취하거나 오히려 공격적인 태도로 대응하도록 만드는 경우가 많다. 만약 평소 대화 과정에서 자신이 '만날', '항상' 등의 일반화하는 표현을 많이 사용하거나, 상대방을 평가하는 발언을 많이 하는 편이라면 지금 이러한 폭력적인 대화방식을 사용하고 있는 것일 가능성이 높다. 이러한 대화방식은 마치 나의 감정(억울함, 분노 등)을 일시적으로나마 풀어주는 것처럼 느껴질 수 있지만, 실제로는 상대에게 잘 전달되지 않으며 오히려 갈등을 심화시키는 경우가 많다.

나의 감정과 요구를 상대에게 효과적으로 전달하기 위해서는 '비폭력 대화' 또는 'I Message'의 방식으로 표현하는 것이 보다 효과적이다. 이는 '나(I)'를 주어로 말하면서, 상대방을 혼내거나 비난하지 않고, 나의 감정과 바람을 전달하는 방법이다. 이 과정에서는 상대방의 객관적인 행동에 대한 관찰(사실)만을 언급해야 하며, 상대방의 행동으로 인해서 '내가' 느끼는 감정(일반적으로 그렇게 느낄 것이다 등이 아닌)을 전달해야 한다. 또한, 상대에게 바라는 점을 솔직하고 구체적으로 표현함으로써 내가 상대에게 원하는 것이 무엇인지 전달해야 한다.

비폭력대화 혹은 I Message는 사실 우리에게 익숙한 표현 방식이 아닌 경우가 많으며, 이 때문에 처음 사용할 때는 상당한 어색함을 경험하기도 하지만, 자신의 감정과 욕구를 가장 오해 없이 전달할 수 있는 의사소통 방법 중 하나임에 분명하다. 다소 어색하고 어렵다고 느껴지더라도 이 표현방식을 몸에 익혀 긍정적인 대화를 해 나갈 수 있기를 바란다.

I Message를 이용한 표현의 예시

공격적 표현 전달	긍정적 표현 전달
• 공격적, 비난, 평가적인 대화 방식으로 이루어짐 예) 너는 사람이 만날 옷이 왜 그러냐? (일부의 경우를 전체로 일반화시키고, 항상 좋지 않은 차림을 행동을 하는 사람이라는 평가를 포함하고 있는 공격적인 표현)	• 주어로 '나'를 사용, 객관적 사실(관찰), 감정, 욕구, 부탁의 구체적인 전달로 이루어짐 예) 너는 지난주랑 이번 주랑 계속 나를 만날 때 운동복만 입고 오네(객관적 사실-관찰). 나랑 만날 때 계속 운동복만 입으니까 내가 존중받지 못하는 것 같은 기분이 들어서 많이 서운해(감정). 다음에 나랑 만날 때는 조금 신경써서 캐쥬얼 정도는 입어주면 더 기쁠 것 같아(욕구, 구체적인 부탁).

연습해 보기

일상생활에서 내가 사용하는 표현을 I Message를 이용한 긍정적 표현으로 바꾸는 연습을 해 보자.

공격적 표현 전달	긍정적 표현 전달
•	•
•	•
•	•

CHAPTER

05

부 록

1. 마틴 셀리그만이 이야기하는 긍정심리 Q&A

Q1 긍정심리 훈련과 삶의 만족도

긍정심리 훈련을 통해 삶의 만족도를 높일 수 있다고 하셨습니다.

하지만 긍징심리 훈련을 해도 타고난 나의 성향이 바뀌지는 않습니다.

예를 들어서, 내가 부정적인 성향이 강한 사람이라면 노력한다 해도 긍정적인 성향이 강한 사람으로 바뀌는 것은 아니지 않나요?

A1 긍정심리 훈련과 삶의 만족도

"PERMA에서 행복을 쉽게 느끼고 긍정적인 정서를 느끼게 하는 것은 P입니다.

물론 긍정심리 훈련을 한다고 해서 부정적인 성향이 강한 사람들이 어느 날 갑자기 치어리더가 된다든지 하지는 않습니다.

하지만 긍정심리 훈련을 통해서 다른 요소들을 강화시킬 수가 있습니다. 사람들 간의 유대 관계를 향상하고, 성취감을 높이는 식으로 말이죠.

P는 물론 유전적인 영향을 많이 받기는 하지만, P 하나만으로 우리의 웰빙 여부가 결정되는 것은 아닙니다."

Q2 부정적인 정서의 긍정적인 측면도 있지 않나요?

부정적인 경향이 강한 사람은 긍정적인 사람들보다 실수를 줄이기 위해 더 주의하는 경향이 있습니다.

그렇다면 부정적인 정서가 반드시 나쁘다고 할 수는 없지 않을까요? 혹시 부정적인 정서의 긍정적인 측면을 간과했다고 생각하시지는 않나요?

A2 부정적인 정서의 긍정적인 측면도 있지 않나요?

"아뇨. 그렇게 생각하지 않습니다. 특정한 몇몇 직업에 한해서는, 예를 들자면 공장의 생산 조립 라인 같은 곳에선 부정적 정서가 실수를 줄이는 데 기여를 할 수 있을지도 모릅니다. 부정적 정서가 도움이 되는 상황은 실수를 용납해서는 안 되는 몇몇 특정한 직업, 직군에 한정됩니다. 반면 긍정적 정서는 창의력이라든지 상상, 성장에 도움을 주지요.

[중략] 부정적인 정서도 나름대로 필요한 곳이 있을 수 있습니다. 극도로 실수를 제한해야 하는 환경에서는 강박증에 가까운 부정적 정서가 도움이 될 수 있지요. 하지만 일반적으로 볼 때 부정적인 정서는 창의력이나 성장을 고무시킬 수 없습니다."

Q3 비관적인 사람들이 회복력이 더 높지는 않나요?

때에 따라선 낙관적인 사람이 오히려 자신의 기대가 꺾였을 경우 더 쉽게 좌절하고, 비관적인 사람들이 오히려 예상치 못한 실패를 담담하게 받아들이는 경우가 있습니다. 그렇다면 비관적인 사람들이 더 회복력이 높다고 볼 수 있지 않을까요?

A3 비관적인 사람들이 회복력이 더 높지는 않나요?

"그것은 정확한 지적이 아닌 것 같네요. 물론 낙관적인 결과를 잔뜩 기대하고 있다가 실제로 뚜껑을 열어 놓고 보면 결과가 실망스러운 상황에선 낙관적인 사람들이 단기적으로 더 쉽게 좌절하는 경향이 있을 수 있습니다. 하지만 탄력성이라는 것은 일시적인 것이 아닙니다.

[중략] 심리학에는 '방어적 비관주의'라는 말이 있는데, 이것이 당신이 지적한 것과 비슷합니다. 방어적 비관주의를 갖고 있는 사람들은 실망하거나 실패할까 두려워서 큰 기대를 품지 않습니다. 그렇기 때문에 정말 결과가 좋지 않을 때도 낙담하는 폭이 기대를 크게 했던 사람들보다는 적지요.

하지만 장기적으로 봤을 때 낙관적인 사람들은 기대에 못 미치는 결과를 보고 낙담하거나 실망하더라도 실망에서 더욱 빨리 벗어나 원래 상태로 돌아가는 경향이 있습니다.

방어적 비관주의란 것은 단기간에, 실패했을 때에 한해서만 긍정 정서가 강한 사람들보다 더 강한 회복력을 갖고 있는 것처럼 보입니다."

Q4 대표강점을 살리기 어려운 일을 하는 경우에는?

일에서 만족도를 높이기 위해선 자신의 '대표강점(signature strength)'을 찾는 것이 중요하다고 하셨는데, 많은 사람이 자신의 대표강점이 무엇인지 잘 모르거나, 알면서도 반드시 그것을 살릴 수 있는 일을 하는 것은 아닙니다.

A4 긍정심리 훈련과 삶의 만족도

[전략–대표강점을 찾는 것은 측정(심리검사)을 통해 가능하다. 하지만 사람들이 모두 대표강점과 일치하는 직업을 가지는 것은 아니다.]

"직업에 따라 자신의 대표강점을 제대로 발현하기 어려운 경우가 종종 있으니까요. 자신의 강점 무엇인지 빨리 발견해서 그것을 발현하기 쉬운 직업을 선택하는 것이 가장 바람직하겠지만, 그것이 여의치 않은 경우에는 자신의 강점을 잘 접목시킬 수 있는 방법을 주어진 범위 내에서 찾아야 합니다."

예) 직업은 변호사, 강점은 친절함.

(사안을 비관적 비판적으로 바라보고, 경쟁적인 환경에서 근무)

→ 자신의 대표강점과 직업이 모순되는 상황

→ 대표강점을 발휘하는 것이 매우 어려운 업종에 종사한다면, 자신의 능력을 발휘할 수 있는 부분(영역)을 의식적으로 찾아야 한다.

(경제력이 부족해서 변호사를 선임할 수 없는 사람들을 위한 무료 변호 봉사 활동을 하는 등)

출처: "행복의 5가지 조건, PERMA를 훈련하라" 셀리그만 교수 인터뷰 中, WEEKLY BIZ, 2014.10.04.

※ 해당 웹사이트를 방문하시면 마틴 셀리그만 교수와의 인터뷰 전문을 읽어보실 수 있습니다.

참고문헌

강경연, 이제경(2017). 긍정심리자본과 진로관련 변인 관계에 대한 국내 연구의 동향과 시사점, 한국심리학회지:학교, 14(1), 41-67.

강규림, 나효정, 송제이, 현명호(2018). 한국판 아동용 외상후 성장 척도를 이용한 아동 청소년의 외상후 성장 경험 탐색, 스트레스연구, 26(3), 193-200.

국립국어원(2021). 표준국어대사전. Retrieved from http://www.korean.go.kr/.

권석만(2008). 긍정심리학: 행복의 과학적 탐구. 학지사.

권석만(2011). 인간의 긍정적 성품: 긍정심리학의 관점. 학지사.

권석만(2013). 현대이상심리학. 학지사.

권석만(2013). 현대심리치료와 상담이론. 학지사

김광수(2019). 긍정심리학: 성격강점 기반 인성교육. 학지사.

김광은(2004). 성인 애착 유형과 요인에 따른 성격 특성 및 스트레스 대처방식. 한국심리학회지: 상담 및 심리치료, 16(1), 53-69.

김경일(2011). 성격과 개인차의 이해. 생활 속의 심리학. 네이버 캐스트

김아리 역(2019). 올 어바웃 히피니스: 마음 주치의에게 행복에 대해 물었다. 김영사.

김영민 역(2008). 기린과 자칼이 춤출 때. 비전과리더십.

김인자 역(2009). 마틴 셀리그만의 긍정심리학. 도서출판 물푸레.

김정수(2008). 위험사건의 통제가능성 지각에서 낙관성이 심리적 안녕감에 미치는 영향: 스트레스 대처와 이점발견의 매개역할, 한양대학교 대학원 박사학위논문.

김정수(2018). 전문대학생의 외상후 성장 관련 변인 탐색: 이론적 고찰. 동서울대학교논문집, 40(2), 51-67.

김정수(2020). 전문대학생의 자아탄력성, 삶의 의미와 사회적지지 및 외상후 성장의 관계. 인문사회 21, 11(4), 2013-2028.

김주환(2011). 회복탄력성. 위즈덤하우스.

김진숙 역(2019). 대상관계 심리치료 실제. 학지사.

김현미, 정민선(2014). 청소년의 외상후 성장 관련 변인 탐색, 교육치료연구, 6(2),

213-228.
남승규(2017). 행복심리학. 양서원.
남현미, 옥선화(2001). 가족의 심리적 환경과 청소년의 자기통제력 및 친구특성이 청소년의 문제행동에 미치는 영향. 대한가정학회지, 39(7), 37-58.
모화숙, 박미라, 하대현(2013). Big5 성격요인과 주관적 안녕감간의 관계에 대한 자기효능감의 매개효과. 교육심리연구, 27(3), 761-781.
박동혁(2010). 동기 및 목표 향상 프로그램. 한국가이던스.
박찬옥, 이은영(2011). 교사용 유아 용기 척도 개발 연구. 열린유아교육연구, 16(3), 1-21.
박홍석, 이정미(2015). 한국판 상태자존감척도(K-SSES)의 타당화 연구. 한국심리학회지 일반, 34(1), 133-158
배제현(2019). 행복연습을 위한 긍정심리. 동문사.
배혜련(2012). 대학생의 회복탄력성이 지각된 진로장벽에 미치는 영향, 경기대학교 대학원 석사학위논문.
서영석, 박지수, 조아라(2015). 대규모 외상사건으로 인한 임상적 장애 및 증상관련 평가도구 개관. 상담학연구, 16(3), 557-580.
서은국, 성민선, 김진주 역(2007). 긍정심리학 입문. 박학사.
송원영, 김지영(2016). 커리어 포토폴리오를 통한 대학생의 진로 설계. 학지사.
손은주(2017). 긍정심리와 행복. 동문사.
손향신, 유태용(2011). 개방성, 외향성, 핵심자기평가가 변화몰입과 적응수행에 미치는 영향. 한국심리학회지: 산업 및 조직, 24(2), 281-306.
송현(2017). 외상후 성장과정 및 구조적 관계 분석. 전북대학교 대학원 박사학위논문.
신지영, 이동훈, 이수연, 한윤선(2015). 대학생이 경험하는 외상사건 유형에 관한 연구. 놀이치료연구, 19(2), 69-95.
신현숙(2013). 대학생의 회복탄력성이 자기애성향과 우울감에 미치는 영향. 경기대학교 대학원 석사학위논문.
안신호, 이진환, 신현정, 홍창희, 정영숙, 이재식, 서수균, 김비아 역(2009). 긍정심리학. 시그마프레스.
연문희, 이영희, 이장호(2013). 인간중심상담, 상담학 Best Practice 시리즈. 학지사.
연은모, 최효식(2019). 성격 5 요인, 자아존중감, 직무만족도, 생활만족도간 구조적 관계 검증: 성별에 따른 조절효과를 중심으로. 한국산학기술학회 논문지, 20(3), 306-317.
우문식, 윤상운 역(2011). 플로리시. 도서출판 물푸레.

윤가현, 권석만, 김경일, 김신우, 남종호, 서수연, 송현주, 신민섭, 유승엽, 이영순, 이현진, 전우영, 천성문, 최준식, 최해연(2019). 심리학의 이해(5판). 학지사.

윤명희, 이정희, 서희정, 강창완(2018). 전공탐색과 생애설계. 학지사.

윤영돈(2019). 채용트랜드 2020, 워라밸 보다 워라하 시대에서 살아남는 방법, 한국경제, 2019. 12. 27 칼럼

윤옥한(2019). 인생 설계와 직업 진로 탐색. 양서원.
https://www.hankyung.com/thepen/article/103505

윤지혜(2007). 낙관성이 우울과 안녕감에 미치는 영향: 사회적지지와 대처양식을 매개변인으로. 아주대학교 대학원 석사학위논문.

이명진, 봉미미(2013). 청소년기의 학습된 무기력. 교육학연구, 51(1), 77-105.

이민지, 정성지, 김동건(2011). 사회문화적 태도가 외모관심도, 외모관리행동, 외모콤플렉스, 얼굴만족도, 신체만족도에 미치는 영향에 관한 연구, 한국의류학회 학술대회논문집

이삼식(2006). 가치관의 변화가 결혼 및 출산 행태에 미치는 영향. 보건사회연구, 26(2), 95-140.

이상복(2012). 행복을 부르는 긍정심리학. 공동체.

이선경(2017). 청소년의 주관적 안녕감 향상을 위한 사회정서학습(SEL)의교육적 함의와 실천방안. 학습자중심교과교육연구, 17(19), 585-609.

이수경 역(2017). 해피니스 트랙. 한국경제신문.

이영희, 박외숙, 고향자(2007). 칼 로저스, 상담과 심리치료 주요인물 시리즈 10. 학지사.

이용승 역(2007). 지그문트 프로이트. 학지사.

이은솔(2020). 긍정심리학을 기반으로 한 아동의...., 경인교육대학교 교육전문대학원 석사학위논문.

이장호, 정남운, 조성호(2005). 상담심리학의 기초. 학지사.

이지혜, 서수균(2020). 자존감 유형에 따른 부정적 사건에 대한 귀인양식 및 부정적 정서의 차이. 한국심리치료학회지, 12(2), 53-67.

이현수(2008). 긍정적 심리학. 시그마프레스.

이현수(2009). 역경속의 성장. 학지사.

이희길(2008). 자기통제력의 세대 간 전이 과정에 대한 연구. 사회이론, 33, 165-202.

이훈진, 최현정 역(2012). 긍정심리치료. 시그마프레스.

임선영, 김지영 역(2018). 외상후 성장의 과학. 학지사.

임선영(2013). 역경후 성장에 이르는 의미재구성 과정. 서울대학교 대학원 박사학위논문.

장한, 김진숙(2017). 외상후성장과 관련 변인들 간의 관계에 대한 메타분석. **상담학연구, 18**(5), 85-105.

전수경(2019). 대학생들의 자존감 저하 악순환에 대한 근거 이론적 연구, 국내박사학위논문, 한양대학교 대학원, 서울.

정기수, 하정희(2018). 대학생의 진로장벽인식이 진로준비행동에 미치는 영향: 긍정심리 자본의 매개효과, **청소년학연구, 25**(11), 437-455.

정순례, 양미진, 손재환(2020). 청소년 상담 이론과 실제. 학지사.

정한길(2016). 인성교육에 대한 긍정심리학의 함의. 경인교육대학교 교육전문대학원 석사학위논문.

조현재(2016). 학습된 무기력이 진로적응성에 미치는 영향: 자아탄력성의 매개효과. **미래교육연구, 6**(2), 47-66.

천성문, 이영순, 박명숙, 이동훈, 함경애(2015). 상담심리학의 이론과 실제. 학지사.

최승미(2008). 외상후 성장 관련 변인의 탐색. 고려대학교 대학원 박사학위논문.

최영민(2010). 대상관계이론을 중심으로 쉽게 쓴 정신분석이론. 학지사.

최원하(2013). 고등학생의 학습된 낙관주의와 작업기억 간의 관계. 성균관대학교 대학원 석사학위논문.

최호영(2011). 학습된 낙관주의. 21세기북스.

최혜경, 유순화(2015). 한국인 용기 척도의 개발 및 타당화. **교육혁신연구, 25**(3), 303-322.

한상희, 허현자, 정은희, 윤성은(2017). NCS기반의 자기개발: 긍정심성. 양서원.

한선영(2015). 회복탄력성, 일-삶 균형과 직무만족의 관계. 고려대학교 교육대학원 석사학위논문.

허한형(2017). 청소년의 외모만족도와 자아존중감 및 대인관계의 차이 분석, 인하대학교 교육대학원 석사학위 논문

홍다은(2020). 원예교육프로그램이 초등학생의 상호활성화 및 긍정적 정서에 미치는 영향: 긍정심리학에 기초하여. 서울교육대학교 교육전문대학원 석사학위논문.

행복의 5가지 조건, **PERMA를 훈련하라**, WEEKLY BIZ[웹사이트]. (2014년 10월 04일). Retrieved from http://weeklybiz.chosun.com/

OECD 데이터 https://data.oecd.org/

Ackerman, P. L.(1996). A theory of adult intellectual development: Process, personality, interests, and knowledge. *Intelligence, 22*(2), 227-257.

Adams, J. S.(1963). Towards an understanding of inequity. *The journal of abnormal and social psychology, 67*(5), 422.

Affleck, G., & Tennen, H.(1996). Construing benefits from adversity: Adaptational significance and dispositional underpinnings. Journal of Personality, 64, 899-922.

Ainley, M., & Ainley, J.(2011). A cultural perspective on the structure of student interest in science. *International Journal of Science Education, 33*(1), 51-71.

Aldwin, C. M.(1994). *Stress, coping, and development: An integrative perspective.* New York, NY: Guilford.

Allport, G. W.(1961). Pattern and growth in personality.

Aluja-Fabregat, A.(2000). Personality and curiosity about TV and films violence in adolescents. *Personality and Individual Differences, 29*(2), 379-392.

Amabile, T. M.(1982). Social psychology of creativity: A consensual assessment technique. *Journal of personality and social psychology, 43*(5), 997.

Barrick, M. R., Mount, M. K., & Gupta, R.(2003). Meta-analyses of the relationship between the five-factor model of personality and Holland's occupational types. *Personnel Psychology, 56*, 45-74.

Bryant, F. G.(2003). Savoring Beliefs Inventory(SBI): A scale for measuring beliefs about savoring. Journal of Mental Health, 12, 175-196.

Calhoun, L. G., & Tedeschi, R. G.(1999). *Facilitating posttraumatic growth: A clinician's guide, Mahwah*, NJ: Lawrence Erlbaum.

Celso, B. G., Ebner, D. J., & Burkhead, E. J.(2003). Humor, coping, health status, and life satisfaction among older adults residing in assisted living facilities, Aging and Mental Health, 7, 438-445.

Coopersmith, S.(1967). *Antecedents of self-esteem*, San Francisco: Freeman.

Clark, C., Worthington, E., & Danser, D.(1988). The transmission of religious beliefs and practices from parents to firstborn early adolscent sons. *Journal of Marriage and the family, 50*, 463-472.

Collins, R. P., Litman, J. A., & Spielberger, C. D.(2004). The measurement of perceptual curiosity. *Personality and individual differences, 36*(5), 1127-1141.

Cousins, N.(1981). *The anatomy of an illness.* New York: Norton.

Csikszentmihalyi, M.(1975). Play and intrinsic rewards. *Journal of Humanistic Psychology, 15*(3). 41-63.

Csikszentmihalyi, M.(1990). *Flow: The psychology of optimal experience.* New York: Harper & Row.

Csikszentmihalyi, M.(1997). *Finding flow.* New York:Basic Books.

Compton, W. C.(2007). An introduction to bpositive psychology. Thomson Learning.

Day, H. Y.(1968). Role of specific curiosity in school achievement. *Journal of Educational Psychology, 59*(1p1), 37.

Diener, E.(1984). Subjective well-being. *Psychological Bulletin, 193*, 542-575.

Diener, E.(2000). Subjective well-being: The science of happiness and a proposal for a national index. *American Psychologist, 55*, 34-43.

Duckworth, A. L., Peterson, C., Matthews, M. D., & Kelly, D. R.(2007). Grit: perseverance and passion for long-term goals. *Journal of personality and social psychology, 92*(6), 1087.

Eberle, R. F.(1971). *Scamper: gamesforimagination development.* BuffaloN. YDOK.

Ellison, C., Gay, D., & Glass, T.(1989). Does religious commitment contribute to individual life satisfaction? *Social Forces, 68*, 100-123.

Emmons, R. A., & McCullough, M. E.(2003). Counting blessings vursus burdens: An empirical investigation of gratitude and subjective well-being in daily life. *Journal of Personality and Social Psychology, 84*, 377-389.

Emmons, R. A., Cheung, C., & Tehrani, K.(1998). Assessing spirituality through personal goals: Implications for research on religion and subjective well-being. *Social Indicators Research, 45*, 391-422.

Fitzgerald, P.(1998). *Gratitude and justice. Ethics, 109*, 119-153.

Fredrickson, B. L.(2001). The role of positive emotions in positive psychology: The broaden-and-build theory of positive emotions. *Journal of American Psychological Association, 54*, 218-226.

Eysenck, H. J.(1967). *The biological basis of personality.* Springfield, IL: Thomas.

Friedman, P. H., & Toussaint, L.(2006). The relationship between forgiveness, gratitude, distress, and well-being. *The International Journal of Healing and*

Caring, 6(2), 1-10.

Gough, H. G.(1979). A creative personality scale for the adjective check list. *Journal of personality and social psychology, 37*(8), 1398.

Greenberg, L. S.(2002). *Emotion-focused therapy: Coaching clients to work through their feelings.* Washington DC, American Psychological Association.

Haidt, J., & Algoe, S.(2003). *The elevation-altruism hypothesis: Evidence for a new prosocial emotion.* Unpublished manuscript, University of Virginia, Charlottesville.

Hehl, F. J., & Ruch, W.(1985). The locationof sense of humor within comprehensive personality spaces: An exploratory study. *Personality and Individual Differences, 6*(6), 703-715.

Haiman, F. S.(1964). A revised scale for the measurement of open-mindedness. *Communications Monographs, 31*(2), 97-102.

Hidi, S., & Renninger, K. A.(2006). The four-phase model of interest development. *Educational psychologist, 41*(2), 111-127.

Johnson, B., Larson, D., Li, S., & Jang, S.(2000). Escaping from the crime of the inner cities: Church attendance and religious salience among disadvantaged youth. *Justice Quarterly, 17*, 377-391.

Kashdan, T. B., Rose, P., & Fincham, F. D.(2004). Curiosity and exploration: Facilitating positive subjective experiences and personal growth opportunities. *Journal of personality assessment, 82*(3), 291-305.

Linley, P.A. & Joseph, S.(2004). Positive Change Following Trauma and Adversity. *Journal of Traumatic Stress, 17,* 11-21.

Luthans, F., Avolio, B. J., Avey, J. B., & Norman, S. M.(2007). Positive psychological capital: Measurement and relationship with performance and satisfaction. *Personnel Psychology, 60*(3), 541-572.

Luthans, F., Yousseff, & Avolio, B. J.(2007). *Psychological Capital: Developing the human competetive edge.* Oxford University Press.

Martin, R. A., & Lefcourt, H. M.(1983). Sense of humor as a moderator of the relation between stressors and moods. *Journal of Personality and Social Psychology, 45*, 1313-1324.

Masten, A. S.(2001). Ordinary magic: Resilience Processes in development. *American Psychologist, 56*, 227-238.

Masten, A. S., & Reed, M. J.(2002). Resilience in development. In C. R. Snyder & S. J. Lopez(Eds.), *Handbook of positive psychology* (pp.74-88). New York: Oxford University Press.

Maton, K. J., & Wells, E. A.(1995). Religion as a community resource for well-being: Prevention, healing, and empowerment pathways. *Journal of Social Issues, 51*, 177-193.

Mattis, J.(2002). Religion and sspirituality in the meaning making and coping experiences of African American Women: A qualitative analysis. *Psychology of Women Quarterly, 26*, 308-320.

McCullough, M. E., Emmons, R. A., & Tsang, J. A.(2002). The grateful disposition: A conceptual and empirical topography. *Journal of Personality and Social Psychology, 82*, 112-127.

McGhee, P. E.(1999). *Humor, health and the amuse system.* Dubuque, IA: Kendall/Hunt.

Mehrabian, A.(1971). *Nonverbal communication. In Nebraska symposium on motivation.* University of Nebraska Press.

Miller, T.(1995). How to want what you have. New York:Avon.

Myers, S.(1996). An interactive model of religiosity inheritance: The importance of family context. *American Socialogical Review, 61*, 858-866.

Nakamura, J.(1995, May). *The presence and absence of unifying themes in creative lives.* Paper presented at the Wallace National Research Symposium on Talent Development, Iowa City, IA.

Naylor, F. D.(1981). A state-trait curiosity inventory. *Australian Psychologist, 16*(2), 172-183.

Nevill, D. D., & Kruse, S. J.(1996). Career assessment and the values scale. *Journal of Career Assessment, 4*, 383-397.

Nevo, O., Aharonson, H., & Klingman, A.(1998). *The development and evaluation of a systematic program for improving sense of humor.* In W. Ruch (Ed.), The sense of humor: Explorations of a personality characteristic (pp. 385-404). New

York: Mouton de Gruyter.

Niemiec, R. M.(2013). *VIA character strengths: Research and practice (The first 10 years).* In Well-being and cultures (pp. 11-29). Springer, Dordrecht.

Oudeyer, P. Y., & Smith, L. B.(2016). How evolution may work through curiosity driven developmental process. *Topics in Cognitive Science, 8*(2), 492-502.

Pargament, K. I.(1997). *The psychology of religion and coping: Theory, research, practice.* New York: Guilford Press.

Park, C. L., Cohen, L., & Murch, R.(1996). Assessment and prediction of stress-related growth. *Journal of Personality, 64,* 645-658.

Park, N., Peterson, C., & Seligman, M. E.(2004). Strengths of character and well-being. *Journal of social and Clinical Psychology, 23*(5), 603-619.

Pervin, L. A., & John, O. P.(1999). *Handbook of personality.* Theory and research, 2.

Peterson, C.(2006). *A Primer in positive psychology.* New York: Oxford University Press.

Peterson, C., & Seligman, M. E.(2004). *Character strengths and virtues: A handbook and classification (Vol. 1).* Oxford University Press.

Pietersma, S., & Dijkstra, A.(2012). Cognitive self-affirmation inclination: An individual difference in dealing with self-threats. *British Journal of Social Psychology, 51*(1), 33-51.

Rashid, T., & Anjum, A.(2005). *340 ways to use VIA character strengths. Unpublished manuscript,* University of Pennsylvania.

Rashid, T., & Anjum, A.(2008). Positive psychotherapy for young adults and children. In J. R. Z. Abela & B. L. Hankin (Eds.), Handbook of depression in children and adolescents (p. 250-287). *The Guilford Press.*

Rashid, T.(2008). Positive psychotherapy. In S. J. Lopez(Ed.), Positive Psychology: Exploring the best in people(Vol. Ⅳ, pp.188-217). Westport, CT: Praeger.

Reio Jr, T. G., & Wiswell, A.(2000). Field investigation of the relationship among adult curiosity, workplace learning, and job performance. *Human resource development quarterly, 11*(1), 5-30.

Renninger, K., Sansone, C., & Smith, J. L.(2004). *Love of learning.* Retrived from http://works.swarthmore.edu

Rogers, C. R.(1995). *A way of being.* Houghton Mifflin Harcourt.

Ruch, W., & Carrwll, A.(1998). Trait cheerfulness and the sense of humor. P*ersonality and Individual Differences, 24*, 551-558.

Ryff, C. D., & Singer, B.(1998). The contours of positive himan health. *Psychological Inquiry, 9*(1), 1-28.

Ryff, C. D.(1989). Happiness is everything, or is it? Explorations on the meaning of psychological well-being. Journal of *Personlaity and Social Psychology, 57*, 1069-1081.

Sansone, C., & Smith, J. L.(2000). Interest and self-regulation: The relation between having to and wanting to. In Intrinsic and extrinsic motivation (pp. 341-372). *Academic Press.*

Scheier, M. F., & Carver, C. S.(1992). Effects of optimism on psychological and physical well being: Theoretical overview and empirical update. *Cognitive and Research, 16*(2), 201-228.

Sheldon, K. M., Fredrickson, B., Rathunde, K., Csikszentmihalyi, M., & Haidt, J.(2000). *A Positive psychology manifesto.* Retrieved, 2002.

Sheldon, K. M., & King, L.(2001). What positive psychology is necessary. *American Psychologist, 54*(3), 216-217.

Seligman, M. E. P.(2000). Positive Psychology: A progress report. Paper presented at the Positive Psychology Summit 2000. Washington DC.

Seligman, M. E. P.(2002). Positive Psychology, positive prevention, and positive therapy. In C. R. Snyder, & S. J. Lopez (Eds.), *Handbook of positive psychology* (pp. 3-9). London: Oxford University Press.

Seligman, M. E.(2004). Authentic happiness: Using the new positive psychology to realize your potential for lasting fulfillment. *Simon and Schuster.*

Seligman, M. E. P., & Csikszentmihalyi, M.(2000). Positive Psychology: An Introduction. *American Psychologist, 55*, 5-14.

Seligman, M. E. P., Reivich, K., Jaycox, L., & Gillham, J.(1995). *The optimistic child.* Boston: Houghton Mifflin.

Seligman, M. E., Steen, T. A., Park, N., & Peterson, C.(2005). Positive psychology progress: empirical validation of interventions. *American psychologist, 60*(5), 410.

Silvia, P. J.(2006). *Exploring the psychology of interest.* Oxford university Press.

Simonton, D. K.(2000). Creativity: Cognitive, personal, developmental, and social aspects. *American psychologist, 55*(1), 151.

Snyder, C. R.(1994). *The psychology of hope: You can get there from here.* New York: Free Press.

Snyder, C. R.(2000). *Handbook of hope: Theory, measures, and applications.* San Diego, CA: Academic Press.

Snyder, C. R., Irving, L. M., & Anderson, J. R.(1991). Hope and health. In C. R. Snyder & D. R. Forsyth (Eds.), *Handbook of social and clinical psychology: The health perspective*(pp. 285-305), Elmsford, NY: Pergamon Press.

Sroufe, L. A.(2005). Attachment and development: A prospective, longitudinal study from birth to adulthood. *Attachment & human development, 7*(4), 349-367.

Stevenson, H.(1997). Managing anger: Protective, proactive or adaptive racial socialization identity profiles and African American manhood development. *Journal of Prevention and changing society.* New York: The Free Press.

Super, D. E.(1995). Values: Their nature, assessment, and practical use. In D. E. Super and B. Sverko (Eds.), *Life roles, values, and careers: International findings of the Work Importance Study* (pp. 54-61). San Francisco: Jossey-Bass

Tedeschi, R. G., & Calhoun, L. G.(1996). Posttraumatic growth inventory: Measuring the positive legacy of trauma. *Journal of Traumatic Stress, 9*, 455-471.

Tedeschi, R. G., & Calhoun, L. G.(2004). Posttraumatic growth: Conceptual foundations and empirical evidence. *Psychological Inquiry*, 1-18.

Tracey, T. J. G., & Hopkins, N.(2001). Correspondence of interest and abilities with occupational choice. Journal of Counseling Psychology, 48, 178-189.

Vaillant, G. E.(1993). The wisdom of the ego. Cambridge, MA: Harvard University Press.

Watson, D.(2002). Positive affectivity: The disposition to experience pleasurable emotional states. In C. R. Snyder, & S. J. Lopez(Eds.), Handbook of positive psychology (pp.106-119), Oxford, England: Oxford University Press.

Watson, D.(2002). Positive affectivity: The disposition to experience pleasurable emotional states. In C. R. Snyder, & S. J. Lopez(Eds.), Handbook of positive psychology (pp.106-119), Oxford, England: Oxford University Press.

Weinstein, N. D.(1989). Optimistic biases about personal risks. Science, 246, 1232-1233.

Willson, W.(1998). Religion and psychoses. In H. Koenig (Ed.), Handbook of religion and mental health (pp. 161-173), New York: Academic Press.

Woodard, C. R., & Pury, C. L.(2007). The construct of courage: Categorization and measurement. *Consulting Psychology Journal: Practice and Research, 59*(2), 135.

Yalom, I. d., & Lieberman. M. A.(1991). Bereavement and heightened existential awareness, Psychiatry, 54(4), 334-345.

저자소개

■ 김정수

한양대학교 교육학 박사(상담심리 전공)
현: 동서울대학교 교양교육센터 조교수
1급 상담심리전문가(한국상담심리학회)
1급 청소년상담사(문화관광부)

■ 유 평

한양대학교 교육학 박사수료(상담심리 전공)
현: 동서울대학교 교양교육센터 강사
심리상담센터 비움과채움 대표상담사
2급 상담심리사(한국상담심리학회)

■ 문호경

홍익대학교 교육학 박사수료(상담심리 전공)
현: 동서울대학교 교양교육센터 강사
심리상담센터 비움과채움 대표상담사
1급 상담심리전문가(한국상담심리학회)

긍정심리와 자기이해

초판 1쇄 발행 / 2021년 3월 19일
초판 2쇄 발행 / 2024년 8월 30일

공저자 / 김정수 · 유 평 · 문호경
발행인 / 이 중 수
발행처 / **동 문 사**

서울특별시 서대문구 홍제원 1길 12
(홍제동 137-8)
Tel : 02)736-3718(대), 736-3710, 3720
Fax : 02)736-3719
등록번호 : 1974.04.27. 제9-17호
가격 : 18,000원

ISBN : 979-11-6328-278-5(93370)
E-mail : dong736@naver.com
www.dongmunsa.com